女人
优雅一生的
社交
礼仪课

张峰　王敏 ___ 著

中国纺织出版社有限公司

内 容 提 要

　　每一位女性都想获得优雅的美誉，优雅不仅体现在妆容外表上，更体现在不经意的举止投足间，它是内在修养的流露，是恰到好处的尊重与自信。无论在什么样的社交场合中，良好的礼仪、得体的言行，都能够让女性显得更有气质和魅力。良好的礼仪是女性立于世的基础，也是获得良好人际关系的法宝，多掌握一些社交与礼仪知识，懂礼、知礼、行礼，不仅不会令人侧目，还会赢得他人的尊重、认同与欣赏。本书从仪容仪态、行为举止、谈吐礼仪、职场商务等多个方面，为女性提供了一套系统的形象礼仪指南，助力女性以恰当、优雅的方式待人接物，在举手投足间透露出品味与修养。

图书在版编目（CIP）数据

　　女人优雅一生的社交礼仪课／张峰，王敏著．--北京：中国纺织出版社有限公司，2022.6
　　ISBN 978-7-5180-9499-8

　　Ⅰ．①女… Ⅱ．①张… ②王… Ⅲ．①女性—社交礼仪— 通俗读物 Ⅳ．①C912-49

　　中国版本图书馆CIP数据核字（2022）第062483号

责任编辑：郝珊珊　　　责任校对：高　涵　　　责任印制：储志伟

中国纺织出版社有限公司出版发行
地址：北京市朝阳区百子湾东里A407号楼　　邮政编码：100124
销售电话：010—67004422　　传真：010—87155801
http://www.c-textilep.com
中国纺织出版社天猫旗舰店
官方微博 http://weibo.com/2119887771
天津千鹤文化传播有限公司印刷　　各地新华书店经销
2022年6月第1版第1次印刷
开本：880×1230　1/32　印张：7
字数：160千字　定价：58.00元

凡购本书，如有缺页、倒页、脱页，由本社图书营销中心调换

在价值观日渐多元化的今天，铺天盖地的广告与软文都在宣扬"做自己"的理念。不可否认，成为真实的自己，以自己喜欢的方式度过一生，是值得倡导和追求的生活方式。然而，人终究不是一座孤岛，总是需要融入群体，与他人相处、交往、合作，而这些都需要有相应的规则约束，不能完全随心所欲、肆意妄为，否则自我就变成了自私。

康德说过："自由，不是随心所欲，而是自我主宰。"

我们生活在社会中，自由洒脱没有错，但不能将其建立在别人的牺牲与隐忍之上。唯有尊重规则，懂得社交礼仪，才能保证和保护每个人的自由。

礼仪是以一定的、约定俗成的程序方式来表现的律己、敬人的过程，更是凸显女性个人气质、修养与内涵的直观方式。正如英国作家塞缪尔·斯迈尔斯所说："得体的举止、优雅的风度、仪表，这些都是走进他人心灵的通行证。"

长得漂不漂亮，是先天因素使然；活得优不优雅，却是后天的修为。每个女人都有资格和能力去雕刻优雅，这也是需要内外兼修的终身功课。那些印在我们脑海里的、有着优雅形象的女性们，不一定都拥有花容月貌，却无一例外地有着独属于自己的气质。在任何情境中，她们都能得体地表达自己，从容地面对世界。

雕刻优雅，始于礼仪。

礼仪，是人们在交往过程中的一些约定俗成的行为规范，也是个人综合素质的体现，牵涉到个人形象、文化修养、生活习惯、交际能力等诸多方面。一份得体的妆容与装扮，透出的是品位与自爱；一个优雅的举止与行为，透出的是谦恭与修养；一份周全的接待与照顾，透出的是善意与稳妥；一份有度的言谈与沟通，透出的是边界与尊重……你的外表、谈吐，以及用餐举止，都在无声地展示着你的素质、品性、修为和格局。

精修礼仪，成就优雅。

无论岁月如何变幻，年代如何更迭，在人际交往中有礼有节，顾及他人的感受，都是经久不衰的适用法则。自由并非一味地随心所欲，而是拥有掌控自我的能力；学习礼仪的终极目的，也是知晓如何克制、驾驭和管理自己当下的言行举止，在自律之中从容、优雅、得体地做自己。

现在，让我们一起踏上这趟优雅之旅吧！

Chapter 01　形象礼仪 | 尊重别人眼中的自己

01　形象决定着别人对你的态度 / 002

02　穿衣的礼仪，得体胜于华丽 / 006

03　小小配饰，承载着自我表达 / 010

04　发型关乎外表，更关乎礼仪 / 015

05　以精致的妆容出席正式场合 / 020

06　如何把一双高跟鞋穿出优雅 / 024

07　社交中不可不知的香水礼仪 / 027

Chapter 02　仪态礼仪 | 优雅的仪态，为颜值加分

01　仪态是一张无形的名片 / 032

02　优美的站姿，尽显温婉气质 / 033

03　不正确的走姿有失大雅 / 036

04　落座时切忌把整张椅子占满 / 039

05　蹲姿须谨慎，端庄不失仪 / 044

06　得体适度地使用手势语言 / 047

07　眼神里透露着个人的教养　/　049

08　掌握拥抱与亲吻的礼仪　/　053

Chapter 03　举止礼仪｜细节里藏着个人修养

01　用脚碰门是不文雅的动作　/　056

02　电话响三声不接有怠慢之嫌　/　058

03　电梯不是谈笑风生的地方　/　060

04　乘车时副驾的位置不能随意坐　/　063

05　大包小包地上飞机很狼狈　/　067

06　洗手间里的个人礼仪　/　069

07　透过手机的使用看素养　/　071

08　客居人家要懂得节制自持　/　074

Chapter 04　会面礼仪｜留下美好的第一印象

01　予人一个微笑，收获一份美好　/　078

02　得体的称呼是对他人的尊重　/　080

03　重视介绍礼仪，用好首因效应　/　084

04　寒暄打招呼不只是一句"您好"　/　087

05　握手承载着丰富的交际信息　/　090

06　亲和力是一种吸引人的力量　/　092

07　说话要考虑对方的身份 / 096

08　侧耳倾听也是对他人的尊重 / 099

Chapter 05　谈吐礼仪 | 从容得体地表达自己

01　文雅的谈吐是有修养的表现 / 106

02　温和的言语，令人如沐春风 / 109

03　说话有礼有节，更要真诚 / 113

04　开玩笑要有度，把握好分寸感 / 116

05　不要因他人的冒犯自毁形象 / 121

06　强硬的命令，谁听了都不舒服 / 124

07　下逐客令的话，说得温和一点 / 128

08　不问令人难以回答的问题 / 131

Chapter 06　餐桌礼仪 | 你品味食物，别人品味你

01　餐桌上的姿态最能体现礼节 / 136

02　不可不知的中餐礼仪细节 / 139

03　享用西餐时保持得体的举止 / 144

04　自助餐，随意不等于随心所欲 / 149

05　在奉茶与饮茶中体现素养 / 151

06　你了解葡萄酒餐桌礼仪吗 / 153

07 如何优雅地享用一杯咖啡 / 155

Chapter 07 职场礼仪 | 成为受欢迎的合作伙伴

01 重视面试礼仪，敲开职场大门 / 160

02 职场里的称呼要视情况而定 / 162

03 办公室里不谈论禁忌话题 / 164

04 了解与上司相处的艺术 / 168

05 不在背后议论同事的长短 / 171

06 发生分歧时，温和地讨论问题 / 174

07 礼貌地拒绝不合理的请求 / 176

Chapter 08 商务礼仪 | 尊重为本，营造融洽的气氛

01 尊重是商务往来中的第一准则 / 182

02 提前预约，没人喜欢不速之客 / 184

03 与对手谈判博弈，也须以礼相待 / 187

04 重视签约环节，以免功亏一篑 / 190

05 开业庆典的准备流程与礼仪 / 193

06 新闻发布会的礼仪要求 / 195

Chapter 09　公共礼仪 | 识大体比出风头更重要

01　翩翩起舞，美丽更要有礼 / 200

02　参加沙龙时要注意的礼仪 / 202

03　观看演出时，切忌制造干扰 / 204

04　别在酒店里对他人颐指气使 / 207

05　做一个有素质的文明游客 / 209

06　走进图书馆，保持雅和敬 / 211

Chapter 01

形象礼仪｜尊重别人眼中的自己

01
形象决定着别人对你的态度

————

想象一下：同一个小女孩，以穿着精致和邋遢两种形象独自出现在大街上，路人对她的态度会怎样？对此，有人专门做过一个测试，结果既令人咋舌，又让人觉得在情理之中。

当主人公穿着质地精良的裙子和大衣，静静地站在街头时，看起来就像是一个家境优渥的孩子不小心与家人走散了。很快就有陌生人过来关心她，对这个落单的小姑娘释放出爱心与善意。

当主人公被化妆师塑造成流浪女孩，穿着脏破邋遢的衣服出现在街头时，广场上熙熙攘攘的人，没有一个人询问她的状况，可怜的小女孩就呆呆地站着，像是被世界遗忘在了角落，暗淡又不知所措。

同一个小孩，不同的形象，直接决定着陌生人对待她的态度。这种仅凭衣着装扮去判断一个人的做法令人咋舌，似乎透着一丝肤浅与轻率。可是转念一想，路人与小女孩互不相识，在短时间内作出判断的唯一依据，也只有借由衣装打扮呈现出的外在形象了。

莎士比亚说："衣装是人的门面。"

此话属实，形象是人的精神面貌、性格特征等的具体表现，会引起他人的思想或情感活动，犹如一种存在于人的主

女人优雅一生的社交礼仪课

体和客观环境之间的介质。每个人都通过自己的形象让周围人认识自己，而周围人也会通过这种形象对我们作出认可或不认可的判断。

美国电影《居家男人》中有这样一个片段：男主角是一家非常有名的投资公司的总裁，高大、英俊、伟岸，身上充满了高贵的贵族气质；他管理着几百人，开着一辆价值数百万美元的高级豪华跑车，过着让很多人都羡慕不已的上流社会的生活。

然而，上天总是喜欢捉弄人，戏剧性的一幕出现了：男主角在圣诞夜喝了一杯红酒之后，舒舒服服地躺在宽大的床上睡着了。当他一觉醒来，却发现自己离开了自己的豪宅，并且一夜之间有了家庭——身边熟睡的妻子，还有躺在阁楼上面睡觉的两个孩子。

男主角简直不敢相信发生在眼前的一切——豪华的房子没有了，跑车没有了，名牌服装没有了。当男主角急急忙忙地找了一套根本不合身的衣服，驾驶着一辆普通家用汽车赶到自己的公司门前，想要进去找回自己的一切时，却被门卫狠狠地挡在了外面。门卫看着他的衣着，嘲笑男主角只不过是一介平民，竟然还敢异想天开。

我们都知道以貌取人容易出现偏差，但在生活中我们又不可避免地重复掉入这种认知陷阱。因为人类是视觉动物，无论男人还是女人总是对美的事物或人产生好感，这是无法改变的人脑的自然偏好。

美国加利福尼亚大学洛杉矶分校的心理学教授艾伯特·梅拉比安，在20世纪70年代通过一系列的研究，提出了人们在社会交往中决定第一印象的"55387定律"：人们对一个人的印象，55%来自外在形象、妆容、发型及服饰风格，38%来自肢体语言及语调，只有7%来自交流沟通。这就意味着，在第一印象中发挥决定性作用的是外在形象。

提到艾斯蒂·劳达，许多人都会摇摇头，对这个名字感到陌生。可是，提到雅诗兰黛，几乎没有人不知道。艾斯蒂·劳达，正是雅诗兰黛的创始人。

艾斯蒂·劳达是一个出生在皇后街五金店的贫民女孩，最早接触的化妆品就是叔叔约翰·斯考兹向她展示的一款润肤霜。之后，她就把推广化妆品当成自己的事业来经营。推销面霜时，她总是充满了热情，可买单的人很少。特别是那些身处上流阶级的人物，几乎都不拿正眼看她推荐的化妆品。

在不知道第几次被拒绝之后，艾斯蒂·劳达终于忍不住问对方："是我的东西有什么问题吗？"对方很坦诚地说："不是你的产品有问题，是你给我的感觉就像是一个低档次的人，我不敢相信这样的人能卖什么高档货。"

那一瞬间，艾斯蒂·劳达才意识到，衣着体面的人拒绝自己，是因为自己低档次的形象。这样的评价伤到了她的自尊，却也开启了她事业的转折之路。她开始有意识地提升自己的形象、气质和品味，要求自己的行为举止像有着贵族血液的名媛一样优雅。

艾斯蒂·劳达提升了自己的形象，也成功地塑造了自己的产品和公司的形象。产品形象如同她的自我形象塑造一样重要，劳达以优势、风采和沉静实现了这双重目标。

注重形象和成为"花瓶"不是一回事，因为形象不只是简单的穿衣和装扮外表的概念，而是一个综合素质，是外表与内在相结合的流动的印象。如果只追求显性的外在美，不重视内在修为，相处久了就会给人一种表里不一的印象；同样，就算文化底蕴深厚，颇具内涵，但外表的邋遢不堪也会在初见的时候拉低印象分，错失让他人深入了解自己的机会。从哲学层面来说，内在与外在越趋于平衡，就越符合事物发展的客观规律；外在美与内在美越接近，个人价值越能得到体现。

从现在开始，把形象当成一件要事来对待：你的穿着、举止、言行、修养、生活方式、知识层次等，都在清晰地为你下着定义，无声而准确地讲述着你的故事——你是谁，你的生活态度、品味与价值如何。要知道，形象美好的女人总是吸引人的，优雅的气势瞬间就可以压制住周围的一切，让人看一眼就感到舒适，并自动屈服于这种感染力。

02
穿衣的礼仪，得体胜于华丽

假设这是一个业务谈判的场合，出席谈判的三位销售代表，分别穿了以下三套服装：

· 销售员A：长款风衣。谈判过程中，风衣始终未离身。

· 销售员B：橙色衬衫，米色西裤，外着白色貂绒外套。

· 销售员C：白色衬衣，黑色皮质短裙，黑色长靴与丝袜。

假设你是客户方，看到对方以这样的装扮出席，内心是什么感受？

你是否会觉得，在正式洽谈的场合没有着正装，对方似乎不是很重视这次合作，对自己也不够尊重？同时，你是否会担心，对方在行事作风上与其着装一样，过于随意或浮夸？

也许，单纯凭借外表和着装给予某个销售员或团队负面的评价，是一个不公平的计算公式，但这个公式在现代社会中却是通用的。事实上，着装礼仪渗透在生活的方方面面，也贯穿在人生的每一段历程之中。仔细回想，是不是从学生时代开始，我们就要穿着校服出席重要的活动？是不是在参加亲友的婚礼时，要穿得喜庆亮丽，但也会避免穿红色的礼服与新娘撞衫？是不是在出席葬礼时，会穿着黑色的服饰，以素简庄重的形象突显对逝者的尊重？

尽管着装礼仪不能成就一个人，但它能够极大地提升个人形象和团体形象。曾经有人做过一项调查，结果显示：80%的人会以貌取人，而良好的外貌90%需要依靠服饰得以展现。

皮克·菲尔在《气场》一书中曾提到："不管是出席会议，还是参加普通交际活动、酒会、商务会谈，都要将自己认真地收拾一番，换一身最合适的衣服，以最恰当的形象出场，这是我们都必须做的功课。"

请注意，这段建议里有两个关键词：合适VS恰当。简单解释，如果你在银行就职，你的着装看起来要像银行职员；如果你在美发沙龙工作，你可以让自己看起来像造型师；如果你要和客户谈判，就要身着正装以突显正式；如果去参加户外野营，就要把连衣裙和皮鞋换成舒适便捷的运动装……衣装打扮，并不是越华丽越好，得体才是第一位。

还记得撒切尔夫人吗？身为首相的她，对自己的着装一向很重视。每当参加政治活动时，她都会戴上一顶老式小帽，梳好蓬松的发式，穿上大领片、厚垫肩的西装外套，脚蹬老式皮鞋，腋下夹着一只手提包。有人笑话她的打扮过于深沉老气，但撒切尔夫人却有自己独到的见解：这样的打扮整洁朴素，显得持重老练，能在政治活动中取得别人的信任，建立起威信。

虽然撒切尔夫人已经退下权力舞台，属于她的政治时代早已远去，但"撒切尔夫人风格"并未随之落幕，她依然保持着自己的着装风格："我平常就穿这些，我永远不会买一件休闲款式的衣服。"她苍老、消瘦，却回答得斩钉截铁，显露出她对唐宁街的某种依恋之情。

借由撒切尔夫人这一典范，我们已经清晰地认识到，着装礼仪最重要的一点是得体。那么，如何在日常生活中穿着得体呢？这里有三条基本原则和三条精进建议，可供参考。

○ 基本原则一：整洁

整洁，是指保持服饰干净合体、整齐有致。穿着褴褛肮脏的女人，气场是灰暗的，给人感觉总是消极颓废的；穿着整洁的女人，则总能够散发出强大的气场，给人积极向上的感觉。毋庸置疑，后者总是受欢迎的。

○ 基本原则二：和谐

和谐，是指协调得体，是与人的体形、肤色以及地点场合等的和谐。如，旗袍穿在身材匀称或修长的淑女身上，可增强美感，而着于矮胖型的女性身上则更暴露其缺点，破坏美感；在安静肃穆的办公室里要以简洁清雅为主，如果穿一套随意性极强的休闲装，则人境两不宜，形象势必会大打折扣。

○ 基本原则三：个性

个性原则，不是借由浮夸和华丽的衣装窨突显自我，或是紧追时尚潮流，而是深入地了解自我，让穿着符合自己的个性，实现内在性格与外在形象的统一。

可可·香奈儿说过："你可以穿不起香奈儿，你也可以没有多少衣服供选择，但永远别忘记一件最重要的衣服，这

女人优雅一生的社交礼仪课

件衣服叫'自我'。" 如果穿上MaxMara的双排扣厚毛呢短外套、Gucci拉链长裤，或是Prada时髦的超短衬衫，让你感到不是在做自己，就舍弃了吧！

○ 精进建议一：简洁大方

如果你留意过伊丽莎白女王的着装，就会发现一个秘密：她的衣服几乎全是基本款，如直筒过膝裙、简洁的晚礼服，以及纯色羊绒衫等，没有超短裙、酷酷的漆皮上衣，以及蓬蓬裙。简洁大方的衣服很耐穿，也适用于诸多场合，无论是穿在职场还是出席商务活动，都比较"安全"，很少会触犯禁忌。日常穿着的话，也可以跟任何款式的新潮服饰搭配，实用性非常高。

○ 精进建议二：符合身份

2008年《名利场》杂志将米歇尔·奥巴马列入全球十大最会穿衣服的时尚人士，入选理由是："这是一位有社会影响力的第一夫人，她简约大方的穿衣风格非常符合自己的身份、个人风格；白天着装自然，而夜晚出席正式场合则隆重华贵。"

着装符合身份是一件很重要的事。如果你是学生，不宜过度追求奢华的衣服，简单随意就是青春最好的搭档；如果你是教师，端庄大方是第一要领，过于花哨的打扮，难以让人心生尊敬；如果你是商务代表，简单利落的职业装是首选，穿着过于随意难免会给人留下轻浮的印象，被上级和客户质疑职业能力。

○ 精进建议三：色彩搭配

得体带给人的感觉是舒适，而这份舒适来自平衡与和谐。衣装，不仅要挑选符合身份的款式，在色彩搭配上也要掌握一些美学法则，即身上的衣服不要超过三个颜色。

注意，这里强调的是大面积的色彩，比如：米色的风衣，搭配黑色的羊绒衫，鞋子可以选择黑色或咖啡色。就职场着装来说，衣橱里的服装色系尽量统一为两个，最好是灰色系和米色系，灰色是冷色系的过渡色，米色是暖色系的过渡色，在这两个柔和的过渡色的基础上，搭配其他各类颜色都不用担心不和谐。

03
小小配饰，承载着自我表达
———

配饰是一件神奇的好物，不过分追求奢华的话，花费通常不会太多，却能让人的气质瞬间得到提升，还能给同一套衣装搭配出不同的时尚效果。同时，配饰也有着深层的意义，它表述了女人将自己从琐碎生活中抽离出来的愿望，反映着女性在想象层面对自己的期待与认同。所以，配饰不仅是装饰物，更承载着女性的自我表达。

演员张曼玉是公认的气质型美女，曾为多种铂金饰品代言。事实上，张曼玉自己也非常钟爱铂金饰品，她说："我喜欢用首饰来搭配服装，我发觉只有铂金不会随时间的推移而氧化发黑，一直都微微闪耀着光芒，显得特别雅致，而且它稀有、纯净，所以一直以来铂金饰品都是我最心爱的饰品。"

小小的配饰，看起来不太惹眼，却能够为整体的形象锦上添花，让女性把内在的自我表达出来。不少专业造型师都深谙配饰的妙用，并给予现代女性这样的忠告："你需要每天在工作场合佩戴的正式配饰，也需要那些用在派对上的新潮配饰。"如果总是一双鞋、一个包、一条项链"通杀"所有衣服，多少会显得有些寒酸而匆忙。

通常来说，配饰主要分为以下三类。

○ 首饰类

泛指全身的小型装饰品，包括耳坠、项链、手镯、戒指、发卡、头簪等。在现代生活中，眼镜、手表、胸花、发带之类也可被归类到首饰系列里。

○ 衣饰类

一般是指项巾、领带、腰带、头巾、披肩、纽扣等，它们的艺术魅力主要来源于色彩、图案、材质或造型，能产生多种艺术效果。

○ 携带物

通常指挎包、提包、雨伞、扇子、墨镜等，这些实用性的物品，起着不能忽略的装饰作用，带来了意想不到的艺术情趣。

无论是哪一类的配饰，其价值都在于为形象锦上添花。那么，怎样在众多的配饰中选择适合自己的，并且恰到好处地驾驭它们呢？下面的这些小技巧，可能会对你有所帮助。

○ 配饰与肤色、体型相配

挑选配饰，要考虑佩饰的点、线、面，是否与自己的肤色、体形相配。

中国女性的肤色大都偏暖，适宜佩戴暖色调的珠宝首饰，如红宝石、石榴石、黄晶等，衬托人的秀丽和文雅。颈长的女士，以长而直的发型，衬一对长链子耳环，凸显柔和婀娜的气场；颈项粗短的女士，佩戴细长有坠子的项链会增色；短发而脸圆的女士，佩戴卵形或长菱形的耳环，突显可爱气场；梳辫子的女性，佩戴悬垂式钻石耳环，突显神气；梳盘发或马尾式发型的女士，更适合大型耳环，突显亮丽气场。

○ 配饰与出席场合相配

配饰和服装一样，都以得体为基准。这就意味着，选择配饰时要符合自己的身份、所处的环境、出席的场合。如果是参加朋友之间的派对，浮夸张扬一些并无大碍；如果出席正式严肃的场合，选择精巧的配饰作为点缀来搭配整体的造型会比较合适，如小巧的耳钉、珍珠耳环等，颜色上尽量低调一些；如果是参加隆重的活动或晚宴，身着晚礼服，可以尝试色彩明亮或不对称设计的耳饰，突显时尚感。

○ 读懂配饰的材质与隐喻

除了要明白自己所处的场合之外，不同配饰的材质也非常重要。有一个词语叫作珠光宝气，形容服饰、陈设等非常华丽，这样的效果千万不能运用在职场的搭配中。通常来说，珠宝、金银配饰等都具有较高的价格，它们隐喻了富有、华丽；象牙、石质、木质饰品隐喻较强的厚度、质感和温度；水晶、玻璃等饰品则有透明、明快、纯洁以及清凉感。

出席隆重的社交场合要佩戴高档的饰品，廉价的饰品一般在日常生活中配戴。不过，有时也可进行巧妙搭配。比如，用高档的配饰配普通的服装，可提高服装的品质；将高品质的服装与低价格的配饰搭配，可提高配饰的品质。如此，看起来不柔不硬，恰到好处。

○ 配饰的数量要适中

配饰的作用是画龙点睛，所以饰品之间的风格、颜色、质地要统一，佩戴时要根据场合的隆重与否来决定饰品的数量。出席开幕典礼、剪彩、庆祝酒会等场合，可以将项链、耳环、胸针等全部戴上；出席商务酒会，或是平时的办公场合，耳环和胸针就足够了；穿晚礼服时，佩戴一条当下流行的项链就足够了，耳环等饰物完全可以免掉，简单大方更显高贵；当然，如果你选择只戴一副流苏长耳环，那么头颈周围可以不用再搭配其他饰品。

○ 注意饰品的佩戴部位

配饰虽好，却不能随意佩戴。翻看伊丽莎白女王的照片，会发现女王胸针的佩戴位置是很有讲究的。胸针，千万不能别在胸部的位置，而是要戴在锁骨的下面，这样会让人人显得挺拔。条件允许的话，你可以自己对着镜子比较一下。再以手镯为例，如果只戴一个，应该戴在左手上；如果是两个，要分别戴在左右手上；如果是戴三个或三个以上的手镯（比较少见），则应该全部戴在左手上，切不可分别戴在两只手上。

总而言之，不要忽略配饰对提升形象的神奇效用。配饰，关乎自信的散发，关乎对美丽的解读，关乎风格的流动，关乎细节的迷醉，它不仅是一种装饰和点缀，更重要的是可以用它们来调整平衡，强调和烘托装扮的某些艺术特点，突显和谐、均衡、对比、互补的美化效果。

04
发型关乎外表，更关乎礼仪
———

不少人都很好奇地问过：为什么空姐的头发都要盘起来？

如果真要解释，安全肯定是第一位的，长发披在肩上固然飘逸美丽，可一旦客舱发生意外，很不利于应急工作的展开。除去安全因素，盘发也是出于礼仪和美观的考虑。空姐们在工作中低头时，垂落的头发很容易遮挡视线，也不方便与乘客交流；另外，空姐的制服本身是端庄朴素的，最适合搭配干练的发型，因而盘发就成了空姐们的经典造型。

由此可见，发型不只关乎外表形象，也和礼仪息息相关。

如果你看过安妮·海瑟薇主演的电影《公主日记》，一定对剧中女主人公米娅变身公主前后的两个反差极大的造型印象深刻。起初的米娅，是纽约城里的一个普通女孩儿，与单亲妈妈一起生活，留着一头乱糟糟的蓬松长发，鼻子上架着一副黑色粗框的近视镜，书呆子气十足。后来，米娅被告知自己是欧洲某一小国（虚构）的公主，要继承王位，并接受了女王奶奶的精心调教。最后，呈现在世人眼前的米娅，乱糟糟的卷毛头变成了高贵的公主头，一双明亮的眼睛不再受到宽边眼镜的遮拦，她实现了由内至外的脱胎换骨。

当然了，米娅蜕变的过程并不是一蹴而就的，但是在看到她变身前后的形象对比照时，你一定会感叹这一番辛劳是值得的。发型是脸面中的脸面，不可小觑。很有可能，你在头发上一个不经意的随心所欲，就影响了他人对你的印象与判断。

那么，关于发型礼仪，我们该注意哪些方面呢？

○ 发型要与年龄相匹配

想象一下：十七八岁的女孩，烫着一头大波浪卷，年过三十的女性，扎着两条马尾辫，花甲之年的阿姨，留着时下最流行的羊毛卷，你看到时，会是什么感受？

无论从美感上讲，还是从礼仪上讲，以上都是不明智的选择，因为发型与年龄不相符。优雅是需要智慧的，这份智慧来自清楚地认识自己，准确地为自己定位。发型与年龄不相符，会给人一种故作老成或"装嫩"之感，即便发型很流行、很时尚，依然让人感觉不舒服。

年轻女性在发型方面的选择较多，长发短发皆能驾驭，只是没必要故作成熟；中年女性适合干净利落、稳重大方、有职业感和韵味感的发型，头发不宜过长；老年女性的发型应体现稳重感，适当突显年轻即可，不必刻意追求潮流与时尚。

女人优雅一生的社交礼仪课

○ 发型要与体型相匹配

头部是人体的组成部分，与人体保持一定的比例，才能突显出美感。所以，选择发型时要考虑自身的体型，尽量与之相匹配。

瘦长身材容易产生眉目不清之感，或是缺少丰满感。所以，在选择发型时可适当弥补这些不足，避免盘发髻或将头发剪得太短，长发较适宜。

身材矮胖的女性，在发型的设计上要强调整体发势向上，可选择有层次的短发、前额翻翘式等发型，不宜留长直发或大波浪。

小巧玲珑身材的女性，设计发型要强调丰满与魅力，从整体比例上要侧重于拉长身高，故而不太适合留长发，或是把头发弄得很蓬松，可利用盘发适当增加高度，且要在如何让头发秀气、精致上下功夫。

高大身材的女性，应努力追求健康、大方、洒脱之美，减少大而粗的印象。在发型方面，短发为宜，直长发、长波浪、盘发、中式短发也可酌情运用，切忌发型花样繁杂。

○ 发型要与服饰相匹配

身着端庄的旗袍，却烫了一头羊毛卷；戴着闪亮的钻石耳钉，却用长发将其遮掩；穿着干练的职业装，却随意地扎了丸子头……看到这样的装扮，许多人都会下意识皱皱眉，觉得有种不舒服、不和谐之感。

之所以会出现这样的问题，就是因为发型与服饰不匹配，使女性无法以一个整体和谐的形象出现在别人眼前。女性在穿旗袍时适合盘发，不宜留马尾、披肩发，或是夸张的烫发；穿礼服时，发型应以端庄、保守为基本准则。

○ 发型要与职业相匹配

不同的职业，对发型有着不同的要求。从事餐饮服务业的女性，梳高马尾或盘发比较合适；服装模特、车模等靠外形谋生的女性，长发的可塑性更多；没有特别规定教师要留什么样的发型，但过短、过长或夸张的爆炸头，显然不符合为人师表的从教标准；负责公司接待工作的女职员，以"杀马特"风格的发型出现在客户面前，无疑会有损公司的形象。

发型与职业形象不符，最大的影响不是美观，而是个人或企业的形象，给人一种桀骜不驯、不懂规矩、另类怪异、缺乏合作精神之感，显得对自己、对他人不够尊重。

○ 发型要与场合相匹配

发型是仪容仪表中不可小觑的一环，在一定程度上影响着给人的第一印象。特别是在不同的场合，发型关乎着礼仪，是突显个人内涵与修养的重要因素，不能想怎么做就怎么做，一定要切合时宜。

参加婚礼时，适当的打扮是必不可少的，但所做的发型不能比新娘还抢眼，喧宾夺主是不懂礼貌的行为，会有捣乱之嫌；出席国际会议时，端庄保守是基准，顶一头古怪的发型，会严重影响口碑；参加狂欢派对，发型需要另类一点，太过普通的话会给人一种缺少热情、敷衍勉强的感觉，似乎不愿意融入其中。所以，出席不同场合之前，要事先了解一下其性质、氛围以及对仪表、礼仪的要求，不要因发型而失礼。

○ 头发的颜色要慎选

对现代女性来说，染发已经成为美发、打造形象的一个普遍选择，恰好到处的颜色能够增添魅力，让人眼前一亮。所以，选择染发剂的颜色时，不能盲目地追潮流，要根据自己的发色、发质、发型、肤色来选择，同时也要考虑自己的年龄、职业、个性、服饰风格等。

别小看发色的重要性，它和职业形象密不可分。走进学校、医院，我们几乎不会看到染着奇异发色的教师或医生，如果他（她）们以这样的形象出现在学生、家长或病人面前，很难带给人好感和信任。再如，一位中老年阿姨染着一头夸张的发色，会让人觉得她缺少这个年纪应有的沉稳与大气，甚至让人怀疑她可能在心理上存在某些"问题"。

总之，要慎用夸张的颜色染发，避免给人留下糟糕的印象。要知道，夸张另类的色彩往往暗示着头发主人的傲慢无知与炫耀，与优雅大气绝缘，容易让人产生排斥与厌恶之感。

05
以精致的妆容出席正式场合

——

素面朝天是一种自然的风格，透着真实与朴素。不过，要出席大型的活动或其他正式场合时，就有必要以精致的妆容出席了，这既是出于形象的考虑，也是一种社交礼仪。

我们都知道，出席正式场合须穿着正式的套装或礼服，搭配质地精良的饰品与合适的发型。若不化妆，会显得整体不够协调，与所出席场合的大环境不相称。特别是在面部有明显瑕疵的情况下，更会让整个人看起来暗淡无光、没有精神。此时，借助富有色彩的护肤品或化妆品修饰自己，就可以暂时遮掩灰暗，瞬间重唤明亮的气质，看上去更有自信和魅力。同时，化妆的女性也会给人一种热爱生活的感觉，带给人积极美好的印象。

女性在准备出席正式场合的妆容时，有五条重要的原则须谨记。

○ 原则一：妆容要符合自身的特质

女性化妆不能忽略年龄因素，这不仅关乎美，更关乎待人接物的礼仪。化妆，是为了扬长避短，恰当地展示自我风貌。如果执意无视年龄而化妆，很容易分散别人的注意力，让对方不自觉地将目光更多地投放在那份怪异的妆容上，对社交和人际关系产生负面影响。

除了年龄以外，妆容还要符合自身的气质。不管化妆水平怎样，你要像自己，而不是别人。这样给人的感觉才会接近自然，才会舒服，越是真实自然的脸，越富有吸引力。

温柔优雅、行事稳重的女性，适合淡、雅、柔的妆容，能够展现稳重大方的气质；性格活泼、个性鲜明的女性，适合暖色调为主、亮丽的妆，以突出亲和力；性格豪爽的女性，适合线条简洁明朗的妆，突出干练和智慧的个性。

○ 原则二：妆容要符合出席的场合

化妆不能单凭自身的喜好，还得考虑出席的场合，这既是对在场者的尊重，也是对自己的尊严、形象、品味的肯定。在工作场合，清淡的色彩、自然的妆容，能够突显清新大方，不失职业色彩；参加正式的宴会或舞会，稍微浓艳一点的妆容最贴合氛围；出席严肃的场合，妆容要尽量素淡，唇膏和眼影都要选择暗色的；日常接待客人、拜访友人，亲切自然的淡妆看起来很舒适；若是与恋人赴约，甜美的妆容，更容易体现温柔的一面。

○ 原则三：妆容要符合职业的要求

以淡妆的形象出现在工作岗位上，一方面修饰了自己的形象，另一方面也体现了恰好到处的礼貌。在这个问题上，合适比耀眼更重要，妆容不符合职业要求，是对自己工作的不负责。比如，教师、医生、银行职员等工作者，要是化了浓艳的妆容，会让人质疑其工作态度和能力；在聚光灯下工作的节目主持人，要是化了清淡的妆容，会让人怀疑其生病或心情不好。所以，化妆一定要遵循职业要求。

○ 原则四：妆容要兼顾精致与和谐

有些女性缺乏精细的修养观念和习惯，以至于妆面上常有粗糙的痕迹，如口红边沿模糊、粉底浮乱、不修眉毛等，令个人形象大打折扣。精致需要长时间培养和打磨，它是女性品质最突出的一种表现，有必要在平时多掌握和练习一些化妆技巧，力求和谐与精致。

妆面的和谐，就是指各部位的妆面在风格、色彩上都要协调，如眉形柔美，唇形也应柔美；如眼影是冷色调，口红也要冷色系。面部是五官分布集中、视觉反应很强烈的部分，妆面不和谐会极大影响观感。

在涂粉质化妆品时要避免涂得过于厚重和单调，选择最适合自己肤色的产品，把粉底打得均匀、自然即可。

细眉曾是时尚潮流的代言，但它未必适合所有人，有时过细的眉毛还会给人一种尖酸刻薄的感觉。通常来说，自然浓密的眉毛会衬得人更精神，与明亮的眼睛配合在一起，气质就出来了。如果你的眉毛浓而黑，那就把杂乱的部分修干净即可；如果眉毛偏黄且稀少，那就用眉粉打理一下。另外，适当将眉形拉长，会显得人更加优雅大气。

眼部的妆容需要特别重视，运用一些深棕色的眼影，勾画出下眼线，可以让眼睛看起来更加明亮有神。想要让眼睛成为整个脸部的重点部位，就要弱化唇部的妆，选择与唇色相近的口红，切记要用唇刷将口红均匀地涂在嘴唇轮廓内。这样的话，就能够让人们将目光聚集到你的眼睛上，增加整个面部的立体感，有效地提升气场。

○ 原则五：要及时检查和修补妆容

出席聚会、宴会等人多、活动量大的场合，妆容很容易变"花"，当眼影晕开、粉底不再服帖时，不仅会让自己仪表失色，也会让与我们面对面交谈的人感到不适，给人留下不修边幅、不够精致和勤快的印象。残妆在脸上停留的时间越久，给人的负面印象就越深，如果本身是负责接待工作的人员，这份妆容更是关乎着企业的形象。所以，出席活动期间，要带上个人的化妆品，及时检查妆容并进行补妆，是非常必要的。

需要注意的是，无论是化妆还是补妆，都要尽量避开人。当众化妆是一种没有修养的表现，如果在工作时间和工作场合做这件事，更是暗示着自己对工作不负责任、能力欠佳。另外，当着不熟悉的异性化妆或补妆，在一定程度上，有挑逗的嫌疑。

06
如何把一双高跟鞋穿出优雅
——

"高跟鞋之王"马诺洛·伯拉尼克曾说："女人就应该穿上高跟鞋，一双真正的高跟鞋，要能在舒适、品质和款式之间找到平衡点，从背影展示出腿部曲线的性感优美，女人就能变女神！"

对女性来说，高跟鞋的魅力与价值是平底鞋无法替代的。高跟鞋可以让一个女人变得灵动，增加身体的高度，同时散发出或知性，或妩媚，或性感的魅力，且能够恰好到处地映衬各类活动现场的灯光与氛围，与环境融为一体。

另外，穿高跟鞋需要平衡身体的重心，身体会不由自主地变得挺拔起来，步履轻盈，姿态优美，顿时就能拔高气质。一个女人即使没有模特一般的高挑身材，即使没有女艺人们的迷人气质，但只要选择一双能彰显自己个人气质的高跟鞋，依然能够散发出独有的自信与风韵，这是再舒适、再昂贵的平底鞋都无法给予的。

不过，驾驭高跟鞋并不是一件容易的事，或者说不是每个女人都能够让高跟鞋发挥出它的效力，甚至还可能弄巧成拙。比如：穿高跟鞋走路时，膝关节是弯的，犹如上台阶一样；由于害怕崴脚，总是踮起脚尖、膝盖夹紧，以内八字的姿态快速走动；更有甚者，穿高跟鞋的时候，弯着腰撅着臀部，完全与美感绝缘，还不如穿平底鞋来得自然。

所以说，想要把高跟鞋穿出优雅之感，还需要从多方面下功夫。

○ 选择高品质的鞋子

制作一双高品质的鞋子不简单，因此它的价格也不便宜。但是，要让一双廉价的鞋子看上去造价高昂，且舒适合脚，也不太可能。所以，在选购高跟鞋时，一定要理智、再理智，不能光看款式和外形，也不能只贪图价格便宜，要在可承受的范围内选择质量好、版型正、舒适合脚的鞋子，毕竟我们不是用来拍照，而是要穿着它出席许多重要的场合，所以一定要慎选。另外，在高跟鞋的选择上，黑色、白色等中性色彩的鞋子最适宜，黑色的鞋子是百搭的，还能衬托脚的纤细和性感。

○ 找到理想的鞋跟高度

要想实现线条优美，又不至于腿脚酸痛，就需要根据自己的身材比例来选择鞋跟的高度。众所周知，黄金比例的比值是0.618，那么在黄金比例下，腿长除以身高应该等于0.618。理想的鞋跟高度，也是根据这一原理来计算的：鞋跟高度=头顶到肚脐眼的高度÷（1–0.618）–身高。

假如你的身高是165厘米，从头顶到肚脐眼的高度是65厘米，那么理想的鞋跟高度就应为：65÷（1–0.618）–165≈5厘米。这样的高度，穿起来既不会摇摇欲坠，又显得颇为优雅，能产生高挑挺拔之感。

○ 根据场合选择高度

需要穿高跟鞋出席活动时，不能完全依照自身的喜好，还需要根据场合来选择鞋跟的高度。就日常活动而言，2～3厘米的低跟鞋是比较舒适的；如果是出席商务会议或谈判，无须长时间站立和走动，4～7厘米的高跟鞋最显气质，既可以修饰腿型，又不会过于性感；走秀或表演场合，10厘米左右的高跟鞋，会显得性感纤细。

○ 保持正确的走姿

关于仪态的问题，我们会在下一章详细讲解，在此简单地描述一下穿高跟鞋的标准走姿：穿上高跟鞋后，抬起头，腰挺直，不摇晃肩膀和上半身，膝关节用力，跨步均匀，两脚之间的距离为一只脚到一只半脚。两手前后自然协调摆动，手臂与身体之间的夹角保持在10～15度，两脚尽量走一条直线。

○ 尽量把脚抬高一点

穿高跟鞋的时候要尽量将脚抬得高一点，提臀送胯，用大腿的力量带着小腿和脚向前迈步。这样的话，高跟鞋踩在地上会是一步一个干脆利落的声音，给人一种精神十足、热情洋溢、充满自信的感觉。

○ 做好足部放松与按摩

脚是人体天然的减震器，穿高跟鞋的时候，身体全部的重量会从整个脚掌移到前脚掌，脚部肯定会感到不舒服，久了甚至会有疼痛感。我建议每穿2小时高跟鞋，就把鞋子脱下来，让双脚休息15分钟，让脚部肌肉充分地放松，还可以适当地做些脚部按摩，比如：按摩位于脚掌前1/3处的涌泉穴，按摩涌泉穴可以促进脚部血液的循环，缓解肌肉紧张。

07
社交中不可不知的香水礼仪
——

香水是一种特殊的存在，它总能在一瞬间把我们带回到过去的某个场景中，比如：香奈儿5号的创意广告——午夜列车上的邂逅，就让人记忆深刻。

一个沉思的年轻女子，在火车催眠的节奏声中出神。一名年轻男子错身经过，不能自拔地迷上了她身上散发出的气息。夜晚，一股幽香引导着年轻男子来到陌生女子的车厢外，但他迟疑着不敢敲开她的房门。倚靠着同扇门的两侧，两人以相同的呼吸频率等待着。女子在的车厢内，那瓶散发着独特气息的香水随着列车的律动轻轻摇晃，里面的金色液体辉映着她闪耀的双颊。

列车到站，她热切的眼神遍寻不到他的身影。在充斥着噪音与各种气味的城市里，他们迷失了。虽然命运像是一场游戏，但独特气息的魅力终究是无法抵挡的。他最终找到了她，就在她几乎要放弃的时候，他们一起出现在马赛克画面的中央。接着，一个闪亮的双C图案如魔法般出现了，那一刻时间定格了，她的气息紧紧系住了两个人的命运。

女人精致的妆容与得体的服饰，可以给人留下深刻的第一印象，但是能令人永久不忘的却是她身上那股若有若无的香味。那隐约飘散出来的香气，正是女人的无形装饰品，可以在不动声色间展现女性的魅力及独特气场。香水和女人身上一切有形的服饰、妆容、佩件皆不同，它无形地、幽幽地萦绕于身，能将我们带入不同的心境——自信、魅力、浪漫与优雅；它的美丽看不到、听不到，只能意会，也因此才会有"闻香识女人"这种意境。

在社交中，用对了香水能给人留下深刻的印象，但你知道怎样才能用好香水吗？

○ 吻合是使用香水的最高境界

每个女人都会和某一款香水契合，这和人与人的相遇一样，也需要缘分和机遇。也就是说，香水的运用需要与自我的气质浑然一体或相互补充，方能体现出独特的个人气场，

女人优雅一生的社交礼仪课

这是使用香水的最高境界。所以，选择香水的时候，切记要使香水的气味与自身的性格、气质相吻合。你可以参照下面的建议，选择一款适合自己的香水：

坚强内向、谨慎小心、喜好安静的女性：木质、东方香等温婉迷人的香水，让浪漫温婉倾情而出。

活泼可爱，热情爽朗的女性：曼陀罗花、香子小雯、柑橘调、甜香调等花香型香水，娇而不媚、烈而不浓。

简洁明朗，纯情文艺的女性：纯净、透明的质感以及甜蜜的水果香型香水，香气若隐若现，诱发无穷幻想。

聪明理智，独立能干的女性：丁香、檀香、玫瑰香型香水，步履穿梭间轻洒幽香，时刻成为焦点，魅力大增。

○ 注意时间、地点与场合

想让香水取得预期的效果，必须要在正确的时间、正确的场合和正确的地点用对香水。如果你去探望病人的时候，浑身散发着浓烈的香水味，很可能会引起病人的不适；还有一些场合对香水的要求是很严格的，比如：在办公室上班的时候，或者出席重要会议的时候，适宜的香水会令你整个人神采奕奕，提升别人对你的印象分，但香味过于浓烈，就会适得其反，影响氛围和周围人的心情。

○ 不同香水有不同的用法

香精是一种香味最浓烈的香水，这种香水只要一点点，就可以令整个人长时间地保持芬芳，这类香水适合以"点"的方式使用。香精浓度较低的香水，适合以"线"的方式洒在身上的某个或者某些地方；香味最淡的淡香水，由于本身的香气就是若有若无的，因而可以大面积地使用。

○ 从手腕移向身体来涂抹

以香奈儿为首的多家香水厂商，都提倡喷洒香水时采用从手腕移向身体的方法。

先将香水沾在手腕上，然后再移往另一手的手腕，再从手腕移至耳背、发际、胸部，这些地方都有脉搏的跳动，体温比较高，香水遇到温暖的环境，会均匀地往外扩散，香气圆润又舒适，既持久又淡雅。当然，你也可以适当地喷在衣服边缘，如擦在裙摆，走动时香味随着肢体的摆动而传播，摇曳生香。

味道是一种无声的语言，女性的气质与品味完全可以借由香味传递出来。有时，我们甚至可以通过不同的香味彰显自己的态度，在各种场合里恰如其分地表达自己。

Chapter 02

仪态礼仪 | 优雅的仪态，为颜值加分

01
仪态是一张无形的名片

————

奥黛丽·赫本被誉为"一颗精细雕琢的钻石"，她因《罗马假日》中的"安妮公主"而成名。当初赫本之所以能够从众多的演员中脱颖而出，被导演钦点为女主角扮演者，除了她的绝美容颜外，还因为她有着优雅的仪态。

赫本从小学习芭蕾，是一个出色的舞蹈演员。尽管她过于高挑纤柔，但是长期的芭蕾训练塑造了她举手投足间的优雅仪态——她喜欢微微地抬起头来，颈部线条看起来流畅而优美。无论站立还是行走，她都是上身挺拔，肩膀放松，既不向前耸，也不向后塌，这样身姿看起来挺拔而曼妙……赫本姿态优雅，本身就具有清新脱俗、富贵典雅的气质，所以银幕上的形象深入人心。

尽管影坛出现了众多惊艳的女子，但奥黛丽·赫本呈现出的美丽，依然令人久久难忘。的确，赫本的独特风采并不是靠完美的妆容表现出来的，她的成功更多依靠的是那种与生俱来的气质，以及高贵、优雅的仪态美。

优美的仪态就像无形的精灵，会紧紧地抓住人们的感官，悄悄潜入人们的心灵，从而给人留下难以磨灭的印象。它是一种综合的美，一种和谐的美，也是一个人的文化教养、审美观念和精神世界的综合表现，它折射的光辉也最富于理性，最富于感染性。

仪态语言是一种非常丰富的语言，据估计，世界上有七十多万种可以用来表达思想意义的姿势动作，这个数字远超过当今世界上最完整的一部词典所收集的词汇数量。在日常交往中，人们会通过言语来交流信息，但对方在接受消息时，不仅是听其言，也在观其行。仪态虽是无声的，却发挥着"无声胜有声"的效用。

仪态美是一张无形的名片，比时尚的穿着、奢侈的饰品、刻意表现出来的美更有说服力和影响力。在人际交往中，人们往往通过一个女人的仪态来判断她的品格、学识、能力、修养，以及她对事情的态度。任何人都无法阻挡岁月的流逝，也难以永葆青春，但修炼好了仪态，却可以随着年龄的增长而更具韵味。

02
优美的站姿，尽显温婉气质

看看下面列举的这七种站姿，哪一种更贴近现实中的你？

站姿1：挺胸收腹，脊背挺直。

站姿2：弯腰驼背，略显佝偻。

站姿3：双手插入口袋站立。

站姿4：双脚交叉站立。

站姿5：双手叉腰站立。

站姿6：靠墙壁站立。

站姿7：背手站立。

不同的站姿，体现出的气场，以及带给人的感觉，是完全不同的。置身于不同的场合，站姿更是关乎着个人的修养与礼仪，比想象中对个人形象的影响大得多。我们现在来解释一下，上述几种不同站姿带给人的感觉和印象。

站姿1：挺拔而不僵直、柔媚而又富于曲线的姣美姿态，展现了女人的形体线条美，以及端庄、稳重的气质，给人娴静、含蓄、深沉的美感。这种站姿的女性，气场强大，给人能够驾驭一切的印象，比较受人欢迎。

站姿2：站立时不由自主地弯腰曲背，会让聚起来的气场跑掉，表现出过强的自我防卫意识和意志消沉的迹象。这种站姿的女性，给人感觉在精神上处于劣势，有惶惑不安或自我抑制的心情。如果你常以这种姿势面对同事、上司、客户或家人，你很难找到主角的感觉，尽管你的内心并不乐意。

站姿3：习惯把双手插入裤袋的女性，性格偏于保守、内向，给人小心谨慎、城府较深、善于暗中策划和盘算的印象，是成熟的姿势。若同时配合有弯腰弓背的姿势，则是心情沮丧或苦恼的反映。看到这样的女人时，很多人不愿意与之交谈。

站姿4：双腿交叉的站姿是持有保留态度或轻微拒绝的意思，也是感到拘束和缺乏自信心的表现，让人在与之交际时感到微微不适或淡淡的冷意。

站姿5：叉腰的站姿，是一种有自信的表现，对自己的所作所为充满自豪感，气场也超强。不过，这种姿势不适合出现在严肃的商务谈判场合，它的攻击性太强，会对别人的气场产生压迫性，容易被认为是不尊敬对方。

站姿6：靠墙站立的女人，大多是失意者，但她们通常比较坦白，容易接纳别人。女性应该避免在交际场合采取这种姿势，这会让人觉得你缺乏独立性，且给人一种没有实力的印象，尽管你可能很喜欢交流。

站姿7：喜欢背手站立的人，自信力强，喜欢把握局势，操控力及气场也很强。如果不是面对下属，不要把这个姿势带入交际场合。从某种意义上讲，这是一种居高临下的姿势。

仔细回忆周围人的站姿，再联想到他们给你的感觉，是不是符合上述的诠释呢？对女性而言，像青松一样端正挺拔，不仅是一种静态美，也是培养优美仪态的起点。

那么，怎样的站姿才算得上挺拔，或者说标准呢？

直立站好，挺胸、收腹、立腰，保持身体端正、挺直；双肩放松，双手要放得自然；并拢双腿，膝盖不要弓着，身体重心在两腿中间，收腹，身体有向上的感觉，自然呼吸。

如果你发现自己暂时站不出这样的效果，可以尝试每天晚上在家里做"半小时训练"：脚跟、臀部，两肩、后脑勺贴着墙，两手垂直下放，两腿并拢做立正姿势站上个半小时，天天如此，很快你就会发现自己的站姿和以前不同了。

站姿是一种礼仪，尤其是在职场或是社交场合，当你的站姿看起来挺拔而不僵直、柔媚而又富于曲线美时，那么你身边的人都不可避免地会受到你的影响，情不自禁地关注你和重视你。所以，平时要多训练自己的站姿，才能从内到外地展现自信与风采。

03
不正确的走姿有失大雅
——

如果你看过《阮玲玉》这部影片，一定会记得这个令人印象深刻的镜头：身材高挑的她，穿着单薄的旗袍，走在幽静的小巷子里，轻盈的走姿凸显了她美好的身段。据说，张曼玉为了演好阮玲玉这个角色，曾经在多面镜子前苦练走路，最终出神入化，让观众分不清她是张曼玉，还是阮玲玉。

优美的走姿，凸显着女性美好的风韵与气质，令人过目难忘。反之，不正确的走姿，既有损个人魅力，也有伤大雅。在脑海中想象一下：倘若一位女性以下面这些姿态出现在你眼前，你的直观感受是否与之对应的诠释吻合？

低头看脚尖——心事重重，委靡不振。

拖着脚走路——未老先衰，暮气沉沉。

跳着脚走——心浮气躁。

内八字与外八字——不够大气，有伤大雅。

摇头晃脑，晃臀扭腰——不够稳重，轻浮做作。

身体前倾——有损美观和健康。

边走边吃——缺少修养，有损美观。

小碎步——刻意做作。

可以想象得到，无论是走路时弯腰驼背、低头无神，还是脚步拖沓、步履迟缓，或是八字脚、"鸭子步"，都会让人觉得不舒服，少了温婉大气之感。所以，想要走路有精神、有气场，先得改掉这些不良的走路习惯，再训练自己掌握优雅的走姿。

通常来说，女性在生活中不妨多练习以下三种走姿。

○ 标准的走姿：直线型走姿，稳而直

抬头挺胸（杜绝弯腰驼背、肩膀高低不平）；目光平视前方（不要不时地低头），神态平和；脚尖向前（拒绝内八字和外八字），重心放在脚尖，双腿有节奏地向前迈进；双臂在身体两侧自然摆动。手的摆动带动整个上身，使身体平衡。肩膀左右晃动，带动了全身的摆动。若只扭臀部，上身不动，会让上身看起来非常僵硬，体现不出大方与优美。

在练习走姿时，可以在头顶上放一本书。要保持头顶上

的书本不跌落，唯一的姿态便是走得稳而且直，绝不能左摇右摆。此外，还可以在地上画一条直线，目不斜视地走在一条直线上。坚持每天练习，一年下来，就可以看出走路的姿态与从前迥然不同。

○ 典雅的步姿：穿长裙或旗袍时的走姿

穿长裙或旗袍时，你会发现身体被拉高，曲线更漂亮，女性的曲线特征明显起来。这时候，如果走路的姿态再典雅一些，气质就会瞬间得到提升。

通常来说，穿长裙装或旗袍走路时，步幅应小，步速要紧，步态轻盈，给人以文静、典雅、飘逸、玲珑之感。如掌握不好步调，不妨穿上一双5厘米左右的高跟鞋，它可以让你感觉到胸部挺起，腹部内缩，整条腿向后倾斜，腰明显塌下去，臀位明显提高翘起，小腿也变得饱满起来。这样的话，走路的步子就会变小。

○ "芭蕾舞"步姿：穿高跟鞋的走姿

通常，穿平底鞋走路时都是脚跟先着地，如果穿高跟鞋时依然保持这一习惯，就会导致脚尖抬起，让人看到鞋底，显得非常不美观。所以，穿高跟鞋走路时一定要谨记：脚底板平一点伸出去，让脚尖先着地，有点像跳芭蕾舞时走路的姿态，这样会显得脚步轻盈、体态优雅。

走姿是一种身体上的协调动作，同时也跟人的心情密切相关。可以说，它就如同舞场的旋律，是为情绪打拍子的。与其说是走路轻、重、缓、急、稳、沉、乱等，不如说是人的内心或稳定或失衡，或恬静或急躁，或沉着或失措的状态。稍不注意的时候，走路的姿势就可能随着你内心的变化而发生相应的变化，打乱气场。

所以，走路时还要记得保持稳定的情绪，不要因为心里有事就乱了阵脚，对事、对自己抱着充足的信心，走得稳而且直，才能给人一种沉稳大气、温婉优雅的印象。

04
落座时切忌把整张椅子占满

———

法国时尚界泰斗德阿里奥夫人说："优雅是一种和谐，非常类似于美丽，只不过美丽是上天的恩赐，而优雅是艺术的产物。一个真正优雅的女人就算只是静坐不语，那种超然与随意也足以让众人的视线停驻。"

电影《女王》中有一处情节：女王作为英国皇室的代表，召见了新任首相布莱尔。双方打过招呼之后，女王来到座位前，轻轻地摆弄了一下裙摆，坐了下来。坐下之后，她始终保持着端庄、高贵的姿态，上身保持挺直、端正，没有坐满椅面，而是只占据了椅子前2/3的面积；女王的手臂摆放在椅子的扶手上，双膝并拢，双脚交叉在脚踝部。

从现身一直到落座，整个过程连礼仪专家也挑不出瑕疵。"女王"的高贵、严肃、淡然，突显着英国皇室的尊严，完美的坐姿任谁看了都不禁赞叹，这就是优雅的代言。

走出荧幕，不少女性把"坐"等同于休息，只在意舒适、惬意，忽略了坐姿的礼仪。于是，一系列不雅观的坐姿经常会映入我们的眼帘：整个人坐或躺在沙发里面，四肢随意地伸展着；歪斜地坐在椅子上，跷起二郎腿，双腿还不停地抖动；坐得好好的，眼神却一个劲儿地左盼右顾……这些坐姿不仅不能体现出女性的形体美，更给人留下了一种"坐没坐相"的负面印象，让整个人的魅力与修养大打折扣。

其实，出席不同的场合，穿着不同的服饰，坐姿也有不同的要求。说得通俗点，想要时刻保持好的形象，就需要根据身处的情境，以及自身的衣装类型，随时调整自己的坐姿。通常来说，以下三种坐姿，既符合公共场合的礼仪规范，又能突显端庄稳重的静态美。

○ 正式坐姿——出席正式场合

上半身与大腿、大腿与小腿、小腿与地面都形成直角，双膝允许分开，分的幅度不要超过肩宽。这种坐姿可用于面谈之类的正式场合，彰显出自信、真诚与大方。需要注意的是，双膝不能并得太紧、一动不动，否则会给人一种紧张、缺乏安全感的印象。

○ 曲线坐姿——适用于穿裙装

双膝并拢，两脚尽量偏向左后方，让大腿和你的上半身构成90度以上的夹角，再把左脚从右脚外面伸出，使两脚的外线相靠，双脚脚掌着地，这样你的身形便雅致而优美，气场无懈可击。这种坐姿尤其适合穿裙装的女士，可以避免"走光"的尴尬。

○ 交叉坐姿——适用于各种场合

并拢双膝，双脚在踝部交叉，交叉后的双脚可以向内摆放，也可以向左右任意一侧摆放，但不要向前方直伸出去，否则会看起来有损修养。

坐姿要结合不同的场合和不同的着装，这是最基本的礼仪。要想让坐姿更为优雅，坐出稳重端庄、落落大方之感，还需要掌握一些技巧。毕竟，完美的坐姿需要身体多个部位的协调配合，一个身体部位做得不好，就可能毁了整体的印象。

○ 技巧 1：臀部切勿坐得太深或太浅

无论坐什么样的座位，都不要坐得太深或太浅。坐得太深时，坐下去时会引起小腿的肌肉紧张，时间长了会很累。太浅的话，会使大腿的大部分露在椅面之外，显得腿又短又粗。另外，也不要只坐在椅子的1/3处，这种坐姿会让人觉得你心情紧张，胆小怯懦。

通常来说，坐椅子的一半多一点最为合适。另外，臀部起坐时，不要将臀部翘得高高得去找座位，要充分下蹲后，臀部靠近椅面，再将臀部向后移。

○ 技巧2：腰背挺直突显精神奕奕

采取坐姿时，腰背部分最能反映出一个人的精神状态。坐着的时候，虽然是放松的，但也要注意上身端正，腰挺直，手肘不贴身体，手放在大腿的根部，这样会显得精神奕奕，富有朝气。

○ 技巧3：手臂放得好更显气质

入座后，手臂放的位置也是彰显气质的关键。通常来说，可采用以下四种置放方式：

第一种：放在两条大腿上。双手各自搭在一条大腿上，或双手相握后（叠放亦可）放在两条大腿。这是一种"端"着的姿势，气场得以凝聚，力量自然强大。

第二种：放在一条大腿上。侧身和人交谈时，双手叠放或相握地放在自己所侧一方的那条大腿上，显示对对方的尊重，而且整个人看起来也轻松自然。

第三种：放在皮包文件上。穿短裙时为防"走光"，可以把随身的皮包或文件放在并拢的大腿上。随后，将双手或搭、或叠、或握着放在皮包文件上面，找一下"端"着的感觉。

第四种：双手平扶在桌子边沿，或是双手相握置于桌上。有时，也可把双手叠放在桌上。

○技巧 4：腿部杜绝一切不雅动作

坐下时也可以将左腿跷在右腿上，但要两小腿相靠，双腿平行，方显高贵大方。双膝不要并得太紧，这样会给人一种紧张、缺乏安全感的印象。双腿不要一直改变位置来回交叉，这种肢体语言给人一种急欲离开之感。

○技巧 5：脚要摆出有美感的姿势

要坐得有气质，双脚切忌乱放，不能伸得过长，更不能绊到别人。双腿交叠坐时，脚尖朝同一个方向，上脚的脚尖尽量贴着下脚的脚踝骨处，脚尖应保持在膝盖的垂直线以内，便于起立。坐椅子时，不要用两脚勾住椅子的腿，或将自己的双腿缠得像麻花一样；双腿交叠时，脚尖不要总是一边撇左一边撇右。这些缺乏美感的姿势，自己可能是无意识的，可坐在对面的人却已将这些不雅的坐相一览无遗了。

○技巧 6：离座也要得体有礼

不仅坐要有坐相，离座也得讲礼仪。离开座位时，应当用语言或动作向对方示意，随后再站起身来。和别人同时离座，要注意起身的先后次序，谨记优先尊长，抢先离座是失态的表现。另外，离座时动作要轻缓，不要弄出声响影响他人，而后从左侧离开自己的座位，这是一种礼节。

总而言之，坐有美丑雅俗之分，不可忽视和随意。无论是出于展示个人形象，还是出于礼仪规范，都要注重自己在公众场合的坐姿，这是最考验人，也是最能体现气质与修养的。

05
蹲姿须谨慎，端庄不失仪
———

通常来说，使用蹲姿的场合并不多，有时善解人意地蹲下，体现的是一种做人的态度。比如，在跟孩子沟通时，蹲下与其讲话，能让孩子感受到尊重和平等；观看节目或拍照时，为了照顾后排的人，蹲下体现的是一种亲切与友善。

从礼仪上来说，西方国家认为"蹲"这个动作是不雅观的，除非遇到必要的情况，否则他们不会轻易地蹲下来做某事。不过，在日常生活中，我们也难免会遇到需要拾取物品的情境，倘若身处公众场合，在蹲下来捡东西时一定要注意自己的姿态。想想看，如果你在公共场合看到这样的画面：一位颇有气质的女性走着走着，突然弯腰曲背、低头撅臀或双腿敞开地下蹲，是不是瞬间觉得那份美好的形象大打折扣？

为了避免这样的尴尬和失仪，我们一定要注意自己的蹲姿，尽量做到迅速、美观、大方。下面这几种蹲姿，可以在需要时帮助你维持良好的形象，不失优雅和礼仪。

○ 高低式蹲姿

双腿不并排在一起，左脚在前，右脚稍后，两腿靠紧向下蹲。左脚全脚着地，小腿基本垂直于地面，形成"高"的一端；右脚则应脚掌着地，脚跟提起，然后屈右膝，使其内侧可以靠在左小腿内侧，形成"低"的一端。在保持左膝高、右膝低姿态的同时，臀部向下，上身微前倾，基本上用右腿支撑身体，整体形成"高、低"姿态。

○ 半蹲式蹲姿

半蹲式蹲姿的正式程度不及前一种蹲姿，但好处是简单易行，基本特征是身体半立半蹲。要求在下蹲时上身稍许弯下，幅度不要过大，尽量不要垂直于下肢；臀部务必向下，而不是撅起；双膝略为弯曲，其角度根据需要可大可小，要特别注意的是，两腿之间不要分开过大，以肩宽为限。

○ 半跪式蹲姿

下蹲后，一条腿单膝着地，臀部顺势坐在脚后跟上，脚尖着地，另外一条腿，应当全脚着地，小腿垂直于地面，双膝同时向外用力。注意，蹲下时要两腿并紧，穿旗袍或短裙时须更加留意，避免"走光"的尴尬。

○ 交叉式蹲姿

下蹲时右脚在前，左脚在后，右小腿垂直于地面，全脚着地。右腿在上，左腿在下，二者交叉重叠。左膝由后下方伸向右侧，左脚跟抬起，并且脚掌着地；两脚靠紧，合力支撑身体；上身略向前倾，臀部朝下。这种蹲姿适合穿短裙时使用，姿势雅观，不影响仪态。只不过，该姿势难度较大，要想做好还须平日多加练习。

无论采用哪一种蹲姿，都要注意将两腿靠紧，臀部向下，掌握好身体的重心，使头、胸、膝关节在同一个角度上，自然、得体、大方，以形成优雅的蹲姿。然后，快速地把掉在地上的东西捡起来。这样一来，动作就看起来美观多了。在穿低领上装、裙装下蹲时，要特别注意遮掩身体，内衣"不可以露，不可以透"，最好不要低头，也不要弓背，慢慢地把腰部低下，还要用一手护着胸口，以免隐私暴露，影响整体形象。

所以，千万别小看了小小的下蹲姿势，身姿之美，美在点点滴滴，美在细枝末节。个人的修养与气质，就是由这些细小的"在意"慢慢聚积起来的。

女人优雅一生的社交礼仪课

06
得体适度地使用手势语言

细心留意的话，我们会发现，人在表达思想感情时未必全靠语言，有时肢体性语言比词汇语言更有力量，手势语就是其一。与人交流时，配上恰当的手势语，可以有效地吸引对方的注意力，让对方听得更专注，同时也能更好地表达自己的想法和感受。

当然了，手势语不能乱用，要遵从得体适度的原则，如若不然就会有失礼仪。通常来说，我们在使用手势语时，要注意以下几个问题。

○ 手势语要和谐适度

手势语要和语言表达一致，与面部表情和谐统一，考虑所处场合和沟通对象，灵活运用。比如，在正式的演讲中，手势要简洁有力、干净利落，不能拖沓随意、夸张怪异。总的来说，手势宜少不宜多，过多的手势会给人一种装腔作势、缺乏内涵之感；更不要反复使用同一个手势，这样会令人感到单调和厌烦。无论哪一种手势，都切忌幅度过大，这样让人感觉不稳重、不礼貌。在日常生活中，手势是语言的辅助工具，自然地呈现出来就好，如果不需要手的帮助，让它自然地放置即可，不要过于注重手的位置，以免显得拘谨、不自然。

○ 手势语与场合相协调

手势语的使用一定要考虑场合，尽量与之相协调。

见面之初、慰问他人、表示感激或告别时，握手是不可少的礼节。握手时，要按照尊者在先的顺序：地位高者先伸手，地位低者后伸手；握手的时间，3～5秒即可。

宴会、会议或客人拜访时，要给客人亲自带路或安排专人将客人带领到指定地点或座位，此时要使用引领手势，即右手五指并拢、伸直，手掌朝上，腕关节伸直，手掌与前臂形成一条直线，以右手掌尖微指被请之人，以指尖方向表示前行方向，待客人明白后，再前行。通常，在引领客人时，要走在客人的左斜前方，在拐弯或有楼梯的地方，用明确的手势指出前行方向，并提醒客人"这边请"。

迎送宾客是最基本的礼仪，在客人离开时要注意正确使用送别手势。当客人起身告辞时，作为陪同人员要立刻站起来，为客人取衣帽，与客人握手告别。同时，要使用合适的言辞送别，如"再会""希望下次再来"，让对方感受到细致、热情与周到。在门口、电梯口等场合与客人告别时，与客人握手后，目送客人离开，待对方离开视线后再返回。

○ 手势语有国家地区差异

竖起大拇指这一手势，是我们常用来向他人表示钦佩、称赞之意的肢体语言，可如果在澳大利亚人面前使用这一手势，就犯了礼仪大忌。在澳大利亚人看来，这是骂人的意思。所以，在使用手势时要事先了解不同国家、地区、民族的文化背景和习俗观念的差异，避免出现不应该的错误。

○ 避免有伤大雅的手势

手势用得恰当，可以传情达意，提升个人形象，促进人际交流；用得不好，则会惹人反感，给人留下不好的印象。所以，女性在社交之中，一定要避免使用那些有伤大雅的手势，比如：反复摆弄自己的手指、按压关节发出声音、来回攥拳头，给人一种无聊的感觉；用手抱头，这种体态是放松之意，在人前做这样的动作，给人一种自大之感，不合仪态礼仪；另外，当众搔头皮、掏耳朵、咬指甲、用指甲在桌上乱写乱画，也是不礼貌的行为，会破坏自身的形象，有损社交风范。

07
眼神里透露着个人的教养
———

英国诗人爱德华·杨格说："有些女子的见识就寓于容貌之中，她们所有的智慧都在眸子里闪动。"

眼睛是心灵的窗口，它能够反映人的深层心理，也能让人透过眼神窥见其内心。在社交场合，眼神是一种含蓄的、深情的无声语言，可以表达出有声言语难以表达的意义与情感，也无声无息地透露着个人的教养与气度。

如果在沟通交流时，对方的眼神总是躲躲闪闪，不敢正视你，或是眼神下视且斜视，你会对其产生什么样的印象？或许，他还什么都没有说，可你已经不由自主地给他贴了"标签"——怯懦、紧张、自卑、疑心重，这是对方的眼神向你传递出的信息。反之，如果对方在交谈时落落大方，抬起头直视着你，眼睛炯炯有神，神采奕奕，那你也会感受到对方那种真诚、热情的气场，并愿意靠近他，获得更多的了解。

从这个层面来说，眼神也是礼仪语言的一种，想要在人际交往中给人留下美好的印象，突显出大方的气质和有礼有节的教养，就要学会合理地运用眼神，以此来表达自己。

那么，使用眼神当注意哪些礼仪规范呢？

○ 与人交谈眼神要放正

双方见面时，如果你因羞怯而低下了头，一来可能让对方无所适从，不知道该说什么，二来可能会让你失去控制权，不利于谈判。所以，在与人交谈时，要大大方方地抬起头看人，眼睛正视对方，这是一种自信，也是一种礼仪。

如果你的性格比较内敛，与他人对视让你感觉不舒服，可以看着对方的鼻头靠上一点儿的地方，或者眉心，或者前额。

女人优雅一生的社交礼仪课

这样的话，既不失尊重和礼仪，又能减少你的不适感。

看旁边的人时，记得把头转过去，再用眼睛正视对方，千万不能两只眼睛斜视对方，嘴里念念有词。你可以自己对镜观照一下，斜视的目光是多么的"不友好"。

○ 把控视线停留的时间

研究发现，人们通常会认为那些微笑着注视自己的人更有魅力。所以，与人交谈时，应微笑着看对方的眼睛，保持6~7秒，再微笑着移开眼神。视线停留的时间太短，会显得眼神游离不定；视线停留的时间太长，又会让对方感到尴尬。另外，异性之间交谈，长时间地盯着对方看，也是一种失礼的行为。

○ 有些情境须移开目光

置身于狭窄的空间，如地铁车厢、电梯，切忌用目光死盯着他人，这是一种很不礼貌的行为。况且，在拥挤狭小的空间里，个人的空间已经受到威胁，这样的做法会让他人产生不安全感。此时，最好的做法是移开目光，不盯着他人看，也不与他人对视。

在交流的过程中，当对方感觉不自在或是彼此都缄默不语时，也要把目光移开，以免加剧因一时没有话题引发的尴尬或不安。当别人说错话时，也不要盯着对方看，这样很容易被当事人误认为是对他的讽刺和嘲弄。

○ 谨记目光的许可空间

与人交谈时，目光应当锁定在许可空间内：上至对方额头，下至对方上身的第二粒纽扣（胸部以上），左右以两肩为准。千万不要把目光集中于对方脸上的某个部位，或是身体其他部位，尤其是面对初次见面或关系一般的异性，更应当注意，切勿令目光超越许可空间。

○ 避免用好奇的眼神打量

在一般的社交场合中，没有人喜欢被过于直接地凝视，也没有人喜欢被人以好奇或疑问的眼神打量，这会令人感到局促和不安。所以，我们要避免向他人投以好奇和疑问的眼神。

○ 不要刻意躲避他人的目光

在目光交流中，看与被看之间存在着一种微妙的关系。特别是在谈判场合，双方对视时，势力较弱的一方往往会先将目光垂下，因为他们对自己的劣势感到不安。这样的举动，会让势力较强的一方发现他们的弱点，从而陷入不利的地位。

这也提醒我们，想要建立彼此对等的关系，就千万不要回避对方的目光。如果你希望彰显自己的态度和立场，就要直视对方的眼睛。当然了，也别死盯着对方，大方自然就好。

08
掌握拥抱与亲吻的礼仪

———

拥抱和亲吻都是表示友好的动作，如今在不少正式场合中也会用到。那么，关于拥抱和亲吻，要掌握哪些礼仪呢？

拥抱礼盛行于一些欧美国家，无论是官方会见场合，还是亲友之间表达感情，都会用到这一礼节。心理研究表明，人类之间最好的身体接触方式就是拥抱，它能够简单明确地表达人与人之间真挚的关爱。不过，在使用拥抱礼时，还是要事先了解当地的习俗，特别是异性之间，不合时宜的拥抱礼有轻浮之嫌。

通常来说，在行拥抱礼时要注意以下几个"不要"：

不要把手搭在对方的肩上。

不要抱住对方的腰（这是恋人之间的动作，不符合日常社交礼仪）。

不要贴右颊，会有碰头的风险。

不要抬起小腿。

不要离得太远，避免做出不雅的翘臀动作。

说完拥抱礼，我们再来谈一谈亲吻礼。行此礼时，往往会与拥抱相结合，我们在不少外交场合都见过这样的礼节。当然了，不是所有国家都盛行亲吻礼，所以要视情况而定，在不确定的情况下，最好是遵从主人的习惯。

法国人是很重视亲吻礼的，在正式的社交场合，双方在行拥抱礼时，脸颊一贴，再换另一侧面颊再贴。无论是长辈对晚辈，或男女之间，都通行此礼。

　　　　　　　　　　　 女人优雅一生的社交礼仪课

Chapter 03

举止礼仪｜细节里藏着
个人修养

01
用脚碰门是不文雅的动作

——

弗朗西斯·培根说："在美的方面，相貌的美，高于色泽的美；而秀雅合适的动作之美，又高于相貌之美。"对女性来说，塑造一个美好的形象不易，但要破坏形象，只需要一个不文雅的动作就够了，比如：用脚去碰门。

开门和关门是我们每天都要重复数次的动作，也是突显个人修养的一个重要细节。想给人留下有礼有节、举止优雅的印象，一定要重视开门与关门的礼仪。

○ 开门的礼仪

无论是进出办公室，还是工作大楼，都应当用手轻推、轻拉房门，避免发出"乒乒乓乓"的声响，这样是很不礼貌的，会影响到其他人。如果是与客户、领导或尊长等一起进入，还要讲究顺序，根据具体的情况灵活应变。

如果门是朝里开的，要先入内拉住门，侧身请领导、尊长或客户进入；如果门是朝外开的，应当先打开门，请领导、尊长和客人先进；如果是旋转式的门，应当自己先迅速过去，在另一边等候。另外，负责接待引领工作时，无论走哪一类型的门，都要加上引领手势和提醒语，如"您请""请这边走""请各位小心"等。

○ 敲门的礼仪

入室敲门，是尊重他人私人空间的基本礼仪。如果不敲门就闯入，会惊扰到室内的人，令人感到尴尬和不悦。无论是在办公区域，还是在他人的私宅，都要养成敲门的习惯。即便门是虚掩着的，也要敲门，得到主人的允许后再进入。

就敲门这一动作来说，最优雅的做法是敲三下，隔一会儿再敲几下。敲门的声音要适度，太轻了，室内的人可能听不见；太重了，会引发别人的反感，非常不礼貌。如果有门铃，可以轻轻地按一下，片刻后没有反应，再重复按铃，切忌长时间地按门铃。

如果对方正在开会，或是正与人交谈，抑或是不在办公室内，都不要进入，可以在门外等候。如果等候时间过长，可以留下名片或便条，另行约定。

○ 关门的礼仪

关门是一个很能反映礼节和修养的细节。在得到允许后，应当握住门把手，轻轻地推门而入，然后转身轻轻地把门关上，切忌反手带门；离开他人的房间要随手关门，但不能背对着屋里的主人关门，而是要面向门里，把门轻轻关上；若是手里拿着东西，不太方便用手关门，可以先把东西放下，或是请他人代劳，千万不要用脚或膝盖关门，那是很不礼貌的。

02
电话响三声不接有怠慢之嫌
————

接听电话是工作中必不可少的事项，尽管通话的双方不需要见面，但礼仪却不能忽视。毕竟，这直接关乎他人对你所在企业以及你本人的印象，一定要考虑周全。通常来说，在接听电话时需要注意以下事宜。

○ 接听电话要及时

电话铃声响起后，务必在三声内接听，否则会有怠慢之嫌。如果一时间有急事无法脱身，耽搁了及时接听，拿起电话后要先向对方致歉"不好意思，让您久等了"，然后自报单位名称和所属部门，这是很重要且不可忽略的礼貌。

○ 说话声音要适中

接听电话时，声音不宜太大，否则对方会感觉不舒服，还会影响到办公室内其他人的工作，让人感觉你是一个没有礼貌、缺少修养的女性。

○ 详细了解来电目的

接听电话时，要确定对方的基本信息，包括对方的姓名、单位、职务等，还要了解来电目的，以便对电话采取合

女人优雅一生的社交礼仪课

适的处理方式。在电话结束之前，要和对方确认来电的主要内容，做到准确无误，防止记录错误或疏漏。通常来说，要按照何时、何地、何人、何事、如何处理等内容记录，力求简洁明了。

○ 转接来电要有章法

当对方来电不是找你时，要询问清楚对方要找的人，切不可直截了当地说："这里有好几位李先生，你找哪个？"要文雅地询问："不好意思，我们公司有三位李先生，请问您找的是哪一位？"

当对方要找的人不在时，如果不清楚对方的动机、目的，切忌主动随便传话，除非是对方请你代为传话。另外，在未授权的情况下，不要说出指定要找的人的行踪。如果对方需要你转达留言，务必把事情记录清楚，对于来电者的名字，与事项相关的数字、日期、时间等，要在挂断电话前再次确认，避免出错。

○ 接听电话遇到客人来访

当你正在通电话时，刚好碰上客人来访，该怎么处理呢？原则上来讲，要先接待来访客人，此时应跟通话方致歉，得到许可后挂断电话。如果电话内容很重要，不能马上挂断时，应当告知来访的客人稍等，再继续通话。

○ 意外故障导致通话中断

当电话突然发生故障，导致通话中断时，务必换另外的电话回拨给对方，向对方解释清楚。如果就此不理，或是等对方再打电话过来，不合乎礼仪，也会影响公司的形象。

○ 遇到打错电话的情况

碰到对方拨错号码的情况时，不可怒斥或用力挂断电话，应当礼貌告知对方拨错了电话。如果是自己拨错了电话，也要向对方道歉，不可直接挂断。

○ 让来电者先挂断电话

无论是客户还是其他人来电，都要等对方先挂断电话之后再挂断，倘若自己这边"啪"的一声迅速挂断电话，是很不礼貌的行为，会让来电者产生不悦之感。所以，在接听电话即将结束时，应当礼貌地请对方先挂断电话，这样才算是有礼有节。

03
电梯不是谈笑风生的地方
————

无论是上下班还是外出回家，我们都少不了乘坐电梯。

乘坐电梯除了要重视安全问题以外，礼仪也不应忽视。在这一狭窄的空间里，如果有谁旁若无人地大谈隐私问题，或是不顾场合地谈笑风生，那一刻他定会成为电梯间里的焦点，也定会被视为那个最缺少教养的人。

电梯是一个狭小的封闭空间，乘客之间很难维持一个正常的社交距离，难免会产生不适和被冒犯之感。赶上人满为患的时候，更是少不了摩擦和碰触。所以，置身在电梯间里更需要重视礼仪规范，减少和避免尴尬与不愉快的发生。

○ 日常乘坐电梯的礼仪

等候电梯时，不要站在电梯门的正前方，这样会阻碍他人下电梯。电梯门开后，等要下电梯的人都出来以后，才可以进入，即使有急事，也不要挤着人群上电梯。

进入电梯后，尽量站成凹字型，留出一定的空间，以便后进入者有地方站。电梯空间狭小，如果不小心碰到别人，要立即说一句略带歉意的"抱歉""不好意思""对不起"，安抚对方可能会被激起的敌意。

站在电梯里，最好面朝电梯口，避免面对面的尴尬。如果电梯内乘客较多，也要尽量与他人保持少许距离。作为女性，可用胳膊、提包等随身物品保护自己的敏感部位，以免在拥挤的电梯里遭遇意外的触碰。

当电梯门开启，无论这层楼是不是你的目的地，如果你站在最外面，都应当主动先站出去，让里面的人有充分的空间能够走出来。碰到有人赶电梯时，不妨按住"开"键，等对方一会儿；千万不要因为着急，紧按"关"键，这可能会将进电梯的人夹住，也不礼貌。

在电梯内要少说话，因为里面的每个人都能够听到，除了天气以外，谈论任何话题都会略显尴尬。况且，大家距离较近，说话时不小心喷出唾沫，也是很不文雅的。

○ 职场乘坐电梯的礼仪

伴随客人或领导来到电梯厅门口，先按下电梯呼梯按钮；当轿厢到达、厅门打开时，如果同行者较多，可先行进入电梯，一手按住"开"键，一手呈引导手势，礼貌地说"请进"，请客人或领导进入电梯轿厢。

进入电梯后，按下客人或领导要去的楼层数字。若电梯行进间有其他人员进入，可主动询问要去的楼层，帮忙按下按钮。电梯内没有其他人员时，可略作寒暄；有其他人在时，可斟酌是否有必要寒暄。在电梯里，尽量侧身面对客人。

到达目的楼层后，一手按住"开"键，一手做出"请出"的手势，说"到了，您请"。客人或领导走出电梯后，自己立刻走出电梯，热情地引导行进的方向。

如果你从事接待工作，经常接待尊贵的客人，还要谨记一点：电梯里也有上座和下座之分。所谓上座，就是视野最好、最舒服的位置，越靠里面的位置越尊贵。上座是电梯操作板之后最靠后的位置，下座就是最靠近操作板的位置，因为要按楼层的按钮，相当于"司机"。

○ **乘坐电梯的细节礼仪**

乘坐自动扶梯时，要自动靠右站立，将左侧的通道让出，以便有急事的人通行。如果自己要从左侧急行通过时，要给为自己让路的人道谢。

乘坐厢式电梯时，如有专职的电梯操作员，应当让老人和小孩先进入；如没有操作员，可先进入轿厢操控电梯，再让老人和孩子进电梯，确保安全。在没有明令禁止宠物乘电梯的地方，如果携带宠物，要自行抱起；如有大型宠物，要在没有其他乘客的情况下，再乘坐电梯。

看，就是乘坐电梯这样一件平常之事，却也能透过细节看出一个人的个性与修养。这也再次提醒我们，不要轻视自己的一举一动，你不知道哪一个瞬间它会成为个人印象的裁判。

04
乘车时副驾的位置不能随意坐
——

在一家公司做实习生的璐璐，工作态度诚恳，做事也很积极。然而，前段时间跟老板出差，期间发生了一件事，让璐璐深刻地意识到，工作不仅是做事那么简单。即便你的专业能力够用，做事也很认真，若是忽略社交中的细节，也会影响最终的结果。

当时，璐璐和老板一起抵达机场，客户方的老板非常客气，亲自驾车来接。璐璐依稀记得，乘车礼仪中提到过，秘书或随行人员要坐副驾驶，后排右边才是领导的位置。于是，当客户老板停下车后，她抢先坐在了副驾驶的位置。老板愣了一下，也没说什么，就坐在了后排的一号座。

路上，客户频繁扭过头来与璐璐的老板交谈，这时璐璐才意识到，自己犯了一个严重的错误：客户方的老板亲自驾车来接，这个副驾的位置应当留给自己的老板，这样才能显示平等和尊重。如今，自己竟然坐在了这个位置上，等于把客户方老板当成了"司机"。

事后，璐璐的老板很不高兴，璐璐连忙向老板承认自己的失误。这一次的经历给璐璐上了一课，让她认识到礼仪和规矩不能流于"大概了解"，而是要深谙于心、身体力行，它在现实中是极具实用价值的，也发挥着重要的作用。

那么，关于乘车这件事，我们该了解哪些礼仪规范呢？

○ 有专职司机开车时的乘车礼仪

就普通轿车而言，有专职司机开车时，司机右后方座位为一号位，由职位最高者入座；司机正后方为二号位，由职位第二的领导入座；后排中间位置，原则上不会坐人。副

　　　　　　女人优雅一生的社交礼仪课

驾驶位置是三号位，通常安排为随行人员、秘书或接待方人员，便于服务领导、汇报情况、接受指令，也可以介绍沿途的风景。

就越野车而言，乘车参加野外活动时，副驾驶的位置视野开阔、颠簸小，因而为一号位，司机右后方是二号位，司机正后方是三号位，后排中间是四号位。

○ 领导开车时的乘车礼仪

有些企业没有专职司机，领导出行往往会自己开车。与领导随行时，如果是领导开车，就要坚持平等相待的原则，副驾驶位是一号位。通常情况下，坐车方的一号领导，应当坐在副驾驶的位置，这样便于交流，也是对开车领导的尊重。我们在开篇时提到的案例，就属于这一类情况。

○ 乘坐私家车的常用礼仪

如果是自己开私家车的话，接送人时要照顾周到。如果两人同车，可以请对方坐在副驾的位置，便于朋友间的平等交流；多人同车时，根据客人的地位和关系安排座位，副驾驶是一号位，可以请长辈或女性前坐。

如果是乘坐别人的私家车，通常坐在副驾的位置，便于彼此交流。在乘坐私家车时，要注意保持整洁。上车前跺一跺脚上的尘土，鞋子不要在车毯上来回移动，也不要将脚踢在椅背或椅脚上；不要在车上吃零食，更不要将污物吐出、向窗外扔垃圾；车上的按钮，不要随意乱动。

○ 乘坐公家车的常用礼仪

如果是乘坐公家车，你可能需要表示一种身份感和地位感。首先，要等待别人帮你开关车门，上车一定要坐在后座，尤其是车上只有你和司机两个人时，不要与司机平坐在前座上。在车上尽量少说话，不要与司机攀谈，询问各种事宜。当司机询问你有关私人问题或重要事宜时，可以岔开话题，或请司机打开音乐。抵达目的地后，对司机道谢。

○ 乘坐出租车的常用礼仪

出租车可以提前预订，也可以随手拦。无论是哪一种情况，拦车时都要保持修养和风度，考虑到司机停车的方便和交通规则，不要大声喊叫，也不要不停地大幅度挥手。待出租车司机看见你时，用手缓缓摆动一两次即可。

若与男士同行，乘坐出租车要秉持男左女右、男前女后的原则；多人同行时，应当争坐前座，这是付款的座位。单独乘坐出租车，最好坐后排座，因为从后座下车远比从前座下车的身姿优美，且有身份感。

05
大包小包地上飞机很狼狈
————

乘坐飞机出行时，如果在行为举止上出丑或失礼，很有损个人的风格与修养。如果乘坐国际航班，还会有损国家的形象。所以，机舱礼仪不可不重视。

○ 注意登机时间

通常，飞机起飞前半小时一定要登机。如果在免税店购物的话，一定要留意登机时间，一旦延误会造成很大的麻烦，会影响到全机人员，让自己成为众人不喜的对象。行李较多的话，登机前要办理托运，不要大包小包都拎在身上，这样会显得很狼狈。

○ 登机时勿拥挤

登机时要有序排队，切勿拥挤。进入机舱后，将登机牌交给空姐过目，以便指引你的座位方向，或是让空姐带领你入座。如果要换位置，等信号灯熄灭后再调整，不要着急忙慌地窜动，弄得机舱秩序混乱、气氛紧张，影响到其他乘客。

手提行李要放在头上行李架内，不可随意乱放，要保证过道的畅通。入座后，查看自己的手机是否关闭，或调至飞行模式，以免干扰飞机的航空信号。飞机起降时，座椅靠背务必放直，收起小桌，将安全带扣紧。

○ 请求服务要择时

飞机起飞之前，空姐会很忙，此时最好不要按服务灯，让空姐做这做那。在空姐介绍安全设施时，要注意倾听，即便已经听过很多遍，也要保持安静，这是对空姐工作的尊重，也是为了避免影响其他乘客聆听。在请求空姐帮忙服务时，语气和态度要客气、有礼，当你向别人表示尊重时，你也会赢得别人的尊重。

○ 搭话聊天要谨慎

乘坐飞机时，在用餐的空档与邻座的人进行5~10分钟的交谈并无大碍，但如果邻座的人正在看书或工作，就要少与对方搭话，否则会显得很不礼貌。另外，在飞机上不要谈论空姐，或是谈论空难事件，毕竟许多人对空中飞行还是存在一些恐惧心理，此时谈论空难事件，会很惹人讨厌。

○ 注意进餐礼仪

在乘机过程中，要严格遵守飞机上的规定，不吸烟，不吃带壳类食物。在进食时，不要发出声响，也不要嘴里含着食物与人交谈；饮料不要随意泼洒，更不要将食物弄得到处都是。另外，进餐时要将椅背调直，避免妨碍后座的人用餐。

飞行时如必须吃素，或因个人疾病等原因吃特别餐，可在订位时提前告知航空公司。如果是参加旅行团，也要在行前说明，及时告知领队。

○ 上洗手间的注意事项

进入洗手间后，将门扣关好，使用完毕后及时冲洗马桶；洗手台使用完毕后，用纸擦干净，以便下一位乘客使用。

○ 下飞机时讲秩序

下飞机前，要将书报架上的杂志归还放好。飞机降落后，信号灯未熄灭前，不要站起来，也不要随意走动或拿行李，等空姐提示后按次序下机，不要拥挤。

06
洗手间里的个人礼仪
———

洗手间是每个人都要使用的场所，是否讲究洗手间礼仪，可以从侧面反映出个人素养。毕竟，没有人希望一走进洗手间，就看见有人正把洗手池弄得水花四溅，用力地甩着湿漉漉的双手，把水溅到地板或别人的衣服上。

所以说，洗手间内的表现不仅是卫生问题，也是社会文明程度的标志。作为现代女性，要如何在这一特殊空间内保持一贯的优雅呢？

○ 如厕要关门

如厕时务必把门关好，以告知外面的等候者此厕位有人，防止等候者意外拉开门，或是撞见个人隐私。这样的话，是自己的不自重，也是不尊重他人的表现。如厕之后，最好将厕位的门打开，让人知道里面无人使用，减少无谓的等候。

○ 即时放水冲洗

每当用完厕所，都要即时放水冲洗，然后用纸巾将马桶垫圈擦净。用过的手纸要扔在垃圾桶内，不要随地乱扔，或扔进马桶，以免堵塞。如有痰要吐，也当用纸巾裹住，最后扔进垃圾桶，切忌弄脏便池或厕位的墙壁。

○ 洗手要节约用水

如厕之后，洗手的时候要注意节约用水，不要一边按洗手液，一边任由水哗啦啦地流，这样会造成水资源浪费，也显得很没有修养。

○ 用纸巾或烘手机干手

洗手之后，一边走路一边甩湿漉漉的手，这不但很不雅观，还会把地板弄湿。在湿地板上踩来踩去，地板很容易脏，这是对保洁人员劳动的不尊重。另外，甩手的时候，有可能会甩到别人身上，令人厌恶。大部分的洗手间都有烘手机和纸巾，最好借助它们来干手。

○ 化妆补妆有讲究

洗手间不仅是如厕之地，也是临时的化妆补妆之所。在化妆补妆时，不要独自霸占镜面太长时间，以免影响别人的正常使用。同时，不要一边梳头化妆、整理衣服，一边走出洗手间，被人撞见是很不礼貌，也不雅观的。

07
透过手机的使用看素养
———

智能手机给生活与工作带来了极大的便利，也为人们打发碎片时间提供了丰富的内容。显然手机已经成了现代人不离身的物品。正因为智能手机成了能够带来便利和娱乐的必备品，所以我们更需要重视手机使用礼仪，切不可只顾着自娱自乐，让身边的人感到不适或反感。

○ 手机不用时放在常规位置

在公共场合，不使用手机时，要将其放在合乎礼仪的常规位置，切忌拿在手里或挂在上衣口袋外。通常，放手机的常规位置有：随身携带的包、上衣的内袋、手袋等。如果出席会议，不要让手机出现在桌子上。

○ 公共场合不要开声音外放

在城市公共交通，如地铁、高铁、公交车上，越来越多的人会选择用听音乐、玩游戏、看电影、听书等打发上下班的通勤时间。在享受个人爱好的时候，记得戴上耳机，用手机扬声器直接播放视频、音乐，或是发出游戏的声音，是很没有素养的行为。

○ 有些场合要谨慎使用手机

在公共场所，如楼梯、电梯、路口、人行横道、公交车上等，不要旁若无人地使用手机。如果有要事需接打电话，也要注意音量、动作以及表情，太夸张的举动会引起他人侧目。

出席会议和洽谈时，最好将手机关掉，起码要调整到静音状态。这样做是对他人的尊重，同时也避免打断发言者的思路。

在电影院或剧院里不要接打电话，若非要回话，可采用静音的方式发送短消息，以免影响其他人。会餐时也要把手机调至静音状态，不要正吃在兴头上的时候，被一阵恼人的铃声打断，这样会影响吃饭的氛围。

置身于图书馆、医院等场所，也要注意电话的使用礼仪，切不可打扰到周围的人，尽可能地做到电话调至静音、到无人处接打电话、通话声音适量。驾车的时候，切勿使用手机，这样很容易分心，有安全隐患。

○ 给别人打手机要考虑周全

给别人打手机时，如果对方身居要职，要考虑打电话的时间是否合适，并做好对方不方便接听的准备。当对方接听后，注意从听筒里的声音判断对方所处的环境，倘若噪音很大，对方很可能是在开车或在室外，如果很安静，要考虑对方是否在会议上。有了初步的判断，就为顺利通话做好了准备，但无论在哪一种情况下，是否通话都要由对方来定，所以电话接通后一定要先询问"您现在通话方便吗"，以免打扰到对方。当然，如果有其他联络方式，事先询问或预约更好。

○ 发送手机消息的礼仪

不要在他人注视自己的时候查看手机消息，一边说话一边看手机，是对别人的不尊重。给别人发送消息时，内容要文明，因为你发送的文字，直接反映了你的品位和水准。不要编辑或转发垃圾消息，以免给人留下不好的印象。

○ 走路时不要看手机

走在街头或商场，不要低头看手机，这种行为很不雅观，也很危险。毕竟，低头看手机会分散注意力，从而无法留意到迎面来的车辆、行人或障碍物。

总而言之，文明使用手机，生活才会更美好。

08
客居人家要懂得节制自持
——

生活中少不了礼尚往来、走亲访友，到别人家里做客，无论关系熟稔与否，都要懂得节制自持。毕竟，家是隐私的地方，要尊重主人的独立空间，尊重其家人。如果不讲究礼仪，行为举止过于随意，就很有可能会引起主人的反感，也会让自身的形象大打折扣。

通常来说，客居人家要注意以下一些行为细节。

○ 客随主便

到亲友家做客或小住时，尽量遵从主人的习惯，不要因为自己的到来给主人增添麻烦。自己住的房间要自己打扫，为主人家做一些力所能及的事。在作息时间上，尽量与主人吻合。主人陪你观光购物时，费用尽量自己出，且要选择主人不忙并且愿意出行的时候。如果自己要出行，也要记得和主人打招呼。

○ 非礼勿动

未经主人的允许，不要进入主人的卧室或书房，也不要随意翻阅书刊、信件等物品，话题要避免涉及主人隐私或钱财的内容。在饮食方面，不要随意去开冰箱、拿零食，即便主人对你说过"就当是在自己家，不要见外"之类的话，也不宜照做。

也许有人会觉得，对亲友不必太过拘谨，现在物质生活都很丰裕，谁也不会小气到舍不得让你吃喝。其实，重要的不是你拿了什么、吃喝了多少，而是你的行为和态度，你有没有体现出做客的礼节。你一个不经意的举动，可能就会让主人感觉你过于随便，不懂礼貌。

○ 谨入厨房

每一个家庭都有自己的生活习惯，就连摆放碗筷的位置、道具的分工也和别家不尽相同，这没有对错之分，完全是遵照主人的习惯而定。如果你在做客期间，贸然改变了置物的地点和方式，无异于侵入了主人的地盘，打破了人家的习惯和规则。

○ 不要久住

无论到谁家做客，小住即可，以免给主人带来不便。通常情况下，主人是不好意思往外逐客的。叨扰了对方几日，离开的时候除了要道别，还要道谢。离去后，向主人打电话或发消息再次致谢，告知对方自己是否平安到家。主动做这件事，可以消除对方的挂念，同时也让主人感到欣慰。要是离开后无下文，主人可能会产生一种"没有利用价值了，就不值得你联系"的感觉，有损彼此间的情谊。

Chapter 04

会面礼仪｜留下美好的第一印象

01
予人一个微笑，收获一份美好

　　飞机起飞前，一位先生请求空姐为他倒一杯水，称需要服药。空姐有礼貌地答应了，让他稍等片刻，说等飞机进入平稳飞行的状态后，会立刻把水给他送来。

　　一刻钟后，飞机已经进入平稳飞行状态。突然间，乘客服务铃急促地响起，空姐这才想起，刚刚答应给那位先生端一杯水，却因为忙于其他事给耽搁了，再看按响服务铃的座位，恰恰就是那位先生。她连忙倒了一杯水，小心翼翼地送到那位先生跟前，面带微笑说："先生，由于我的疏忽，耽误了您服药的时间，真的很抱歉。"

　　此时，那位先生已经有些愤怒了，大声说道："怎么回事？你们这是什么服务态度？"她试着解释，可对方很挑剔，一直揪着她的失误不放，不肯说一句原谅的话。

　　为了弥补自己的过失，这位空姐每次去客舱为乘客服务时，都会特意走到那位先生面前，微笑着问他是否需要帮助。不过，那位先生气性很大，每次都摆出一副不合作的样子。

　　飞机快到目的地时，那位先生要求空姐拿来留言本，看样子他是要投诉这名空姐。飞机安全着落后，乘客们陆陆续续地离开。空姐心里紧张极了，被投诉服务态度不好，是一件很严重的事。她忐忑不安地打开留言本，没想到上面写

　　　　　女人优雅一生的社交礼仪课

的竟不是投诉，而是这样一段话："你的真诚，你的12次微笑，深深地打动了我，也让我感受到你真挚的歉意。所以，我决定把投诉信改成表扬信。你的服务质量很好，下次有机会的话，我还会乘坐此次航班。"

看到乘客留下的这几行字，空姐激动不已，眼泪在眼圈里不停地打转。

世界名模辛迪·克劳馥说："女人出门时若忘了化妆，最好的补救方法就是亮出微笑。"

真诚的微笑，就像一个神奇的按钮，即刻接通他人友善的感情，它用无声的表情告诉对方：我喜欢你，愿意成为你的朋友。同时，它也在说：我想你也会喜欢我。微笑是交际语言中最富有感染力的，更是赢得他人好感的妙招。会心的微笑，犹如冬日里的一抹阳光，给冰冻的世界带来了温暖与柔和，也给人心带去了阳光和感动。

微笑虽好，却也不能乱用，有几点事项需要特别注意。

○ 微笑要真诚自然

微笑，要恰如其分，要笑得自然，笑得真诚。倘若只是皮笑肉不笑，那倒不如不笑；倘若对谁都微笑，这种笑还可能令人觉得虚伪和谄媚。

○ 微笑要得体大方

在正式场合中，微笑要得体大方，不要故意遮掩笑容，这样有损美感；同样，放声大笑或无节制地笑，让人觉得莫名其妙，很容易产生误解，并且严重有损自身的形象。

○ 微笑要注意场合

微笑的时候也要注意场合，与他人谈论严肃的话题时，或是告知对方不幸的消息时，抑或是彼此的谈话不那么愉悦时，要及时收起微笑。同时，微笑也得选对人，根据不同的交际对象，应用不同含义的微笑，以免引起误会。

微笑礼仪是一项重要的社交礼仪，现代社会不流行"冷美人"，这样会让人感觉孤傲无比，有种拒人于千里之外的冷漠感。无论是与人初次会面，还是和朋友、同事见面打招呼，恰如其分地展示出自己的微笑，既温暖了他人，也愉悦了自己。

02
得体的称呼是对他人的尊重
———

有一个骑马赶路的年轻人，见天色已晚，想找家客栈住下来。只可惜，身在异地他乡，根本不知道自己到了哪儿，离最近的客栈还有多远的路程。恰好，身边有一位老汉经过，他在马上高声地喊道："喂，老头儿，离客栈还有多远？"老汉回答："五里。"

年轻人听后，策马奔腾，急着就往前赶路了。一口气跑出了十几里路，不仅连客栈的影子都没看见，而且四处荒无人烟。他有点生气，觉得那老头儿故意捉弄他，很想回去跟他理论理论。他一边想，嘴里一边嘟囔："五里，五里，什么五里？"念着念着，他突然醒悟了。

原来，老头儿说的是"无礼"，而非"五里"。

他掉头就往回赶，没过多久，再次与老头儿相遇。这时，他连忙下马，客客气气地走到老人跟前，亲切地叫了一声"老伯"，接下来的话还没说，老头儿便开口了："客栈离这里很远，如不嫌弃，就到我家暂住一宿吧！"

称呼在交际中的重要性，想必无须赘述了。称呼是彼此之间展开沟通的信号，也是传达礼貌和情意的途径。从心理学上讲，每个人对他人如何称呼自己都是很在意的，只是由于各国、各民族民俗不一样，语言上也不尽相同，因此称呼上有很大区别。

想成为一个懂礼节、受人喜欢的优雅女人，无论是朋友相见，还是与陌生人相见，都要特别注意称呼的问题。错误的称呼，不仅会闹出笑话，还可能引起误会，让听者不高兴。巧妙而适当的称呼，则体现出你对他人的尊重，就像妙音入耳，让对方觉得很温馨，缩短彼此之间的心理距离，使感情更加融洽，沟通更顺利。

一位著名的女心理学家曾应邀到一家管教所做演讲，目的是感化服刑人员，从心理上进行积极的辅导。在做演讲之前，女心理学家一直在思索一个问题，那就是如何称呼那些年纪轻轻的罪犯？如果直接称呼"罪犯"，无疑会让他们产生逆反心理；称"同志"，似乎也不太合适。最后，她用了这样一个特别的称谓——触犯国家法律的年轻朋友。

事实证明，这个称呼收到了意想不到的效果。那些劳教人员听到这一称呼时，激动地鼓起掌来，有的人甚至还流下了眼泪，他们深深觉得自己虽然在人生的道路上走错了路，可依然还有人尊重他们，心理学家的言语和称谓中，透露着一股包容和友爱，演讲自然达到了预期的目的。

称呼看似很简单，实则蕴含着许多信息。在人际交往中，尤其是初次见面，恰当的、有情感的称呼，代表着对他人的尊重，也会让对方的心里产生亲切感和满足感。

要做到称谓得体，不是一件容易的事。毕竟，所遇到的每个人年龄、身份、地位等情况都不一样，一概而论是不太现实的，唯有靠自己的经验积累，以及灵动缜密的心思，才能根据具体情况来选择合适的称谓。

○ 称呼有雅俗之分

称呼的格调有雅俗之分，应依据对方的情况选择合适的称呼。

对于一些德高望重的老人，可以称"某老"，如"李老"，或者加上对方的头衔，如"李教授"，切不可张口就称"老伯"。如果是平日里与陌生的老人相遇打招呼，倒是不妨这样称呼。前者带有敬仰之意，后者则是一般情况下的尊称。

有些女性很喜欢称呼别人"师傅"，听起来很亲切，但文雅不足，并不适用于所有人。对于工人、厨师称呼"师傅"比较合适，但对于医生、干部、军人等就要视场合、双方关系来选择恰当的称呼，如果担心说错，最好就在姓氏后面加上对方的头衔、职务，这样显得既正式，又不失尊重。

○ 称呼要考虑对方的婚姻状况

在涉外活动中，依照国际通行的称呼惯例，成年的男人都称"先生"，对已婚女子称"夫人""太太"，对未婚女子称"小姐"；对年长但不明婚姻状况的女子或是职业女性，则统称为"女士"。若知道对方的姓氏、职称，也不妨加上，这样更显得出对他人的重视和尊敬。

○ 称呼有地域差异

同一国家不同地区的人，对称呼的要求是有区别的。山东人喜欢称呼别人为"伙计"，但这样的称谓在南方却不适用，因为在南方人听来，"伙计"就跟"打工仔"是一个意思。所以，到了陌生的城市，一定要先了解当地的习俗，以及各种常用的称呼，才不至于碰壁。

○ 称呼要遵从礼貌原则

每个人的内心都渴望被尊重，礼貌的称呼恰恰是表现对他人尊重以及自身修养的方式之一。在人际交往中，一定要尽量多用尊称和敬语，如"您好""贵姓""贤弟""高见""尊夫人"等。千万不要随意给人起绰号，更不要在比较正式的场合与人称兄道弟，说一些难登大雅之堂的庸俗称呼，这会让人觉得你有失教养。

想赢得他人的好感，给人留下美好的第一印象，在称呼上一定不能马虎。多使用礼貌用语，分清楚交谈场合和主次关系，了解当地人说话的习惯，可以避免许多不必要的尴尬。

03
重视介绍礼仪，用好首因效应
———

在社会交往中，介绍是人们相互认识、建立联系必不可少的手段，也是决定第一印象的关键因素。介绍分为三种形式，即自我介绍、介绍他人和被人介绍，无论遇到哪一种情况，都要注意有礼有节。

○ 自我介绍

我们都知道第一印象的重要性，它涉及心理学中的首因效应，即第一次交往中给人留下的印象，在对方的头脑中形成并占据着主导地位。因此，在进行自我介绍的时候，一定要利用好首因效应，为今后的交往创造良好的条件。

很多人在做自我介绍时，选择了最简单直接的方式："我姓×，名××。"这样的介绍没有错误，却很难给人留下深刻的印象，可能几分钟过后就被忘记了。想让别人记住自己，最好是对"姓"和"名"加以解释，解释得越巧妙，越容易被记住。同时，这种自我介绍的方式也体现了一个人的知识水平和性格修养，以及口头表达能力。

当姓名中存在某个难认、难写、不易理解的字时，可以对其进行一番描述，如"我叫张彧（yù）"，和三国里的荀彧（yù）是同一个"彧"，比"或"字多两个撇。

如果不是工作需要，即便自己的身份、职务比较重要，也不宜详细介绍，比如：你是某高校的教授，可以说"我是××大学的老师"；你是局长，可以说"我在××局工作"。这样的介绍显得比较谦逊，直说的话难免会给人一种傲慢炫耀之感。

○ 介绍他人

为他人做介绍不可随意，要遵循一定的原则。

通常来说，要先介绍客人，后介绍主人；先介绍年长、身份高者，后介绍年轻、身份低者；先介绍女性，后介绍男性。年龄差别不大的同性之间，向已婚者引见未婚者。向一对夫妇引见别人时，要向女性引见男性。

介绍他人时，要伸开手掌示意，不能用手指指着别人说话，这样很不礼貌。在人较多的场合，如有后来者，可先介绍后来者，再逐一介绍在场的人。当然，也可以有选择性和针对性地介绍一些人，不必把所有的客人都介绍完。

介绍他人时，除了介绍彼此的姓名、工作单位等，还要为双方找一些共同的话题，以消除初见的尴尬，如介绍一下双方的共同爱好、相似经历以及各自的特长，并分别给予一定的评价，让他们相互产生好感，有助于进一步的交流。另外，无须长篇大论或拐弯抹角地介绍他人，简单几句话就能勾勒出一个人的轮廓，如："这是我的朋友赵莉，喜欢旅行，现在自己经营一家旅行社""这是刘辉，是做建筑设计的，很有想法"。这样的介绍，既体现了对当事人的尊重，也让自己的话显得亲切自然。

○ 被人介绍

当有人把你介绍给别人时，作为被介绍人，你应当站在另一个被介绍人的对面。待介绍完毕后，应与对方握手或打招呼，并说"您好""很高兴认识您""久仰久仰"等。同时，可以递上自己的名片，说一句"请多关照""请多指

女人优雅一生的社交礼仪课

教"等，这样可以代替口头介绍，既显得慎重，又免得他人劳思费神地去记自己的姓名、职业、电话等。

在使用名片时，要注意以下五点事项：

其一，把名片放在容易拿出的地方，切忌在需要时手忙脚乱。

其二，出示名片时，目光要正视对方，并用双手递上，以显示对对方的尊重。

其三，出示名片要适时，通常是谈话比较融洽，且对方愿意与你建立联系时递出；或双方交谈时没有给对方留下详细的联系方式，双方握手道别时递出。

其四，接到对方的名片，要认真看一下，再郑重地放进口袋或包内。如果接过名片，看都不看就随意扔在桌上，会伤害对方的自尊。

其五，倘若没有携带名片，要向对方说明情况，并主动做自我介绍。

04
寒暄打招呼不只是一句"您好"

————

无论是路上偶遇熟人，还是在工作场合遇见新的同事或领导，礼貌地打一声招呼，体现的是个人修养。不过，寒暄打招呼也是有讲究的，说得好，能让对方萌生好感，拉近彼此的关系；说错了，惹人反感，暴露自身的浅薄。

张小姐是一家电子商务公司的销售主管，她很少在客户面前夸夸其谈公司的产品，却赢得了上百位客户的心。提起约见客户，公司一位新进的女业务员心理压力很大，总是跟张小姐抱怨，不知道见面时该跟客户说什么，像平常一样打个招呼说声"您好"，显得太没新意；贸然带着礼物上门，目的性又太强。

言传不如身教，张小姐在一次出差时带上了这位女业务员。那是一项棘手的任务，公司给对方提供的方案，对方看了之后不太满意，看架势是不太愿意合作了。张小姐此次去的目的，就是说服对方，挽回合作的机会。作为业务代表，女业务员心里一直忐忑不安，她心里想着：去了之后说什么呢？跟对方道歉，如果他们咄咄逼人，该怎么办？

抵达A市后，接待她们的是对方公司的副总。见到客户，张小姐说的第一句话是："林总，我得先谢谢您，在我生日的这一天，让我又回到了自己的家乡。"那位副总是A市人，听到张小姐这么一说，顿时觉得亲近了许多。两个人聊起A市这些年的变化，甚至还谈起了当年读书的学校，随行的女业务员听得入了神。最后，还是林总主动说起了合作的事，在此之前，两个人已经聊得如此投机，合作的事很快就达成了一致。

出差回去的途中，张小姐提醒女业务员："谈话是需要氛围的，在正式交谈之前，要说上几句寒暄和问候语，这样能让不相识的人相互认识，让不熟悉的人相互熟悉，让严肃沉闷的氛围变得轻松活跃。"

生活中，不少女人对"寒暄"的印象是模糊的，只知道与人见面时该问候几句，找个"话茬"，可具体该说什么、怎么说、在什么样的场合下说，却不是很清楚。那么，寒暄有哪些技巧呢？

○ 寒暄要选对时机

不是任何时候寒暄都适宜，至少要看对方是否有空闲，不要让自己的寒暄打扰到对方。比如，电梯里遇到同事，按道理说应该寒暄，但如果此时对方正发着短信，你大可不必打扰他，若有目光的交汇，微笑示意就可以了。

○ 寒暄要选对内容

寒暄带给他人的感觉应当是亲切、温暖、带有问候性的，要与场合和双方的实际情况相匹配。比如，护士与正要出院的病人碰见，因有过几日的相处，彼此间也熟悉了，临走时不免要寒暄一番。此时，护士最适合说的话就是："出院了，您多多保重，加强锻炼和保养，情况会越来越好。"病人听后肯定高兴，因为这番话带着嘱咐和祝福，温暖人心。

○ 寒暄要适可而止

简单的一声问候，三言两句的寒暄，能够让对方感觉到自己的友善，就已经很好了，不一定非要长篇大论。而且，还要多留意对方的表情，看看他是不是感兴趣，如果他有其他事，或者明显不认可你说的话，那就不要再说下去了。

05
握手承载着丰富的交际信息
——

握手是一种常见的会面礼仪，也是世界上通行的见面礼节。不要小看简单的握手动作，它承载着丰富的交际信息：与同盟者握手，表示期待；与对立者握手，表示和解；与成功者握手，表示祝贺；与失败者握手，表示理解；与欢送者握手，表示告别。

对女性来说，想要把握手这一礼节表达得优雅得体，有些事项不可不知。

○ 握手的姿势

标准的握手姿势应当是平等式，即落落大方地伸出右手，右手掌和手指用一点力握住对方的手掌，这一方法男女通用！千万不要认为与女性握手只能握对方的手指，或者自己只能伸出手指与他人握手，这是错误的。

如果是双手握手，要等双方右手握住后，再将左手搭在对方的右手上，这也是经常用的握手礼节，以表示更加亲切和尊重。

○ 握手要站立

在正式的社会交际中，握手应当以站姿进行。如果你是坐着的，有人走过来与你握手，请务必站起来。如果情况特殊，你不能站起来，也一定要说："抱歉，我现在没法起身。"

○ 伸手讲次序

握手的时候，伸手是讲究次序的。通常来说，若女士不伸手，无握手之意，男士点头致意即可，不可主动去握住女士的手；与长辈握手时，年轻者要等年长者先伸出手再握；与上级握手时，要等上级先伸出手再趋前握手。

○ 力度要适中

与人握手时，力度要适中。特别是和女士握手，更不能太用力，有时女性会戴戒指，如果握力太重或握得太紧，会让其感到不舒服。

○ **握手的时间**

通常来说，握手的时间以1～3秒比较合适。

○ **不轻易拒绝**

在任何情况下，拒绝对方主动要求握手的举动都是没有礼貌的。如果手上不干净，或是不方便时，在谢绝握手的同时，要向对方解释并表达歉意。倘若戴着手套，握手之前要先摘掉，实在来不及的话，应当向对方说明原因并致歉。当然了，要是在晚会上，穿着晚礼服，佩戴长手套，可以不必摘下。

06
亲和力是一种吸引人的力量
——

你身边有没有这样的女性朋友：与之初见，却有一见如故的感觉，谈笑间感受到的是如沐春风的愉悦？其实，她身上散发出的这股温暖的气息，就是亲和力。当一个女人有了亲和力，就有了磁铁一样吸引人的力量，让人不知不觉就喜欢上她。

琳是一家女装店的店主，店铺的位置不在闹市区，地方也不算太大，可前来光顾的人却络绎不绝，多数都是回头客，偶尔还会介绍朋友过来。她店铺的衣装风格，就跟她的人一样，看上去不扎眼，却有种舒服的感觉。光临小店的女顾客，喜欢店里的衣服，更喜欢琳这个人。不管是老顾客还是新面孔，她都是笑脸相迎，说话慢条斯理。看上什么衣服，就随意拿去试穿，试得再多、弄得再乱，她也不会摆脸色给人看。

许多顾客都说，琳看起来就像个邻家女孩，特别亲切。在做生意上，她从来没有透出过一点点奸商的气息，说话实实在在。卖一件衣服的时候，无论价格高低，她都会坦白地告诉顾客这件衣服的优缺点。这种亲和与坦诚，换来的是顾客的宽容和谅解。

琳总是这样说："如果我是顾客的话，我也希望……"做人做事，她从不自私狭隘，而是先拿出一份友善与随和，她的不俗不媚、通情达理，是心与心的平等与互惠。正是基于这一点，她的小店不用大肆宣传，东西不用刻意讲价，却能赢得顾客的信任与喜爱。

在人际交往中，没什么比亲和的态度更重要了。有亲和力的女人，很容易让人产生亲近感。她那柔和的口气，友善的态度，时刻挂在脸上的微笑，足以消除人与人之间的隔膜，拉近彼此的距离。倘若因为自己的身份或地位，就把亲和力丢掉，说话颐指气使，待人冷若冰霜，拒人于千里之外，那必定会让人敬而远之。

哈佛商学院的蒂奇亚纳·卡罗夏和杜克大学的索萨·洛沃，在对多种职场关系进行分析后总结道："大多数人宁愿与讨人喜欢的傻瓜一起工作，也不想和有本事的讨厌鬼共事。"

女人懂得用亲和力去感染别人，人气就会很高。从心理学上讲，两个人一旦成为朋友，就会产生强烈的一体感与依恋之情；同理，在与人交往时，若能使人产生亲近感，那么很快就可以跟对方成为密友。毕竟，人都有害怕被拒绝的天性，一个女人总是面带笑意，和和气气，就会让人感觉很安全，没有心理压力，对方就愿意与之接触。有时，就算你不主动去联系别人，别人也会主动找你来沟通交流，这就是亲和力的潜在魔力。

那么，如何来塑造自身的亲和力呢？

○ 保持真诚，与人为善

亲和力不是嘴上的花言巧语，虚假的善意只能换来一时的好感，日久见人心，当别人看穿真相时，会觉得此人太虚伪、不可靠，失去对他的所有尊敬与信任。亲和的本质是友善与真诚，当你在生活中由内而外地散发出一团和气，那么亲和力自然就有了。所以，要做真实坦然的自己，发现自己哪儿不够好，可以有针对性地去改善，这远比伪装要受人喜欢。

○ 寻求共鸣，传递温暖

与人交往时，要让对方感受到你的亲切，就要努力与之达成共识，产生共鸣。言谈间多说"我们"，让人产生同伴意识；或者干脆以亲人间的称谓来招呼对方，也会给人以温暖亲切之感，如"哥""姐""姨"等。与人交谈时，可以尝试一下并肩而坐，这会让人感受到亲人般的温暖。

○ 适当言私，拉进关系

太过八卦、四处饶舌，俨然有失修养。不过，适当地把亲人之间交谈的私事拿出来讲与人听，对方会有一种被信任的感觉，进而拉近彼此的关系。

一位女士在竞选厂长时，台下的一位女工人代表说："我现在怀孕七个月，还在车间里站着工作，你觉得合理吗？"面对如此尖锐的问题，她坦诚地说："我也是女人，深知怀孕生子的辛苦。日后，在对待员工的特殊问题时，我会仔细斟酌，究竟哪项要求合理，哪项要求不合理，合理的坚持，不合理的改正。"这番话让女工们深感欣慰。

○ 调节情绪，热情美好

发自内心的微笑是亲和的直观表现，当女人被压力和烦恼紧紧包围的时候，就会变得焦虑、烦躁不安。此时，就算你内心愿意表现出温和的微笑，笑起来的样子也会显得很牵强，让人觉得不够自然。所以，要学会调节情绪，适当地放松自己，这样才能散发出温和从容的气场。

总而言之，拥有一份亲和力，见人示以微笑，说上两句体己的话，有一颗善解人意的心，这样的女人，任谁见了都会喜欢。

07
说话要考虑对方的身份
——

有位知名的女主持人，每次被人夸赞情商高、有修养、会说话时，她都会想起当年做记者时的一段往事。那时的她，很喜欢下基层做采访，也自诩非常清楚怎样跟农民说话，很懂得见什么人说什么话。然而，一次特殊的采访经历，却给她上了深刻的教育课。

那次，她接受的任务是采访一位养猪协会的会长，为了做好这期节目，她此前特意找了专家，备足了功课，对产业协会进行了多方面的了解，最后觉得心里有底了才前去采访。

采访那天，她穿着非常朴素的衣服，还特意让摄像师找好角度，能够拍摄到那位会长身后的猪棚。一切看似都很妥当，可是刚一开口，问题就来了。她问："您的养猪场辐射

096　　　❀ 女人优雅一生的社交礼仪课

了多少农户？"会长尴尬地摇摇头，说："记者同志，您说的什么射我听不懂。"

她意识到了，农民根本不理解"辐射"一词的含义。当时，她的头就大了，一时间不知道该说什么，采访一度中断。最后，还是会长那一句"您别叫我会长，我就是个养猪的头儿"点醒了她。她想到了该如何解释"辐射"这个词，就换了一种方式问对方："那您这个养猪的头儿，管着多少家呀？"这样一说，那位农民会长立刻就理解了，采访顺利地进行了下去。

后来，她得出一个经验："人对自己的语言惯性得有一个自省，很多人开口就带着自己的语言惯性，却没有注意对方的身份。作为记者，不能用公文语言对老百姓说话。"

与人会面交谈，不是懂得多、说得好就行，还要结合对方的身份来选择性地用词。

以女记者遇到的事情为例，农民朋友平日里说话多半很直白，甚少用一些公文语言，跟他们聊天，自然就要随和一点，尽量用贴近他们生活环境的言辞来陈述，力求让对方听得明白。毕竟，沟通是以互相明白对方的意思为基础的，如果别人根本不知道你在说什么，你说得再流畅、再华丽，问的问题再有特色，也没意义。

要是给专家学者做专访，他们本身就是某一领域的佼佼者，要想跟他们探讨一些命题，自己肯定要做足准备，对命题本身有一定的认识，对专家本人也有一定的了解，这样才能巧妙地找到切入点，不至于贻笑大方。

所以，初次与人交流时，一定要注意对方的身份。毕竟，不同身份的人，生长生活的环境不一样，接触的人和事也不同，彼此之间能找到的共鸣点也不尽相同。

李姐开饭馆已经快十年了，生意一直很好，跟许多顾客都成了朋友。不管是新顾客还是老顾客，提起李姐来，就三个字：会说话。中午饭馆忙的时候，她总是亲自招呼客人，不管是年轻靓丽的城市姑娘，还是穿着朴实的乡下大叔，她都能把话说到人心里去。

看到戴着眼镜的斯文男士来吃饭，她礼貌地说："先生，您要用餐，这边坐。店里新出了清淡利口的凉拌鸡丝，要不要尝一下？"穿着工服的工人进店，她热情地说："师傅，今天来碗什么面呀？"乡下的大叔进店，她一样笑脸相迎，说道："大叔，趁着身子骨硬朗，多来转悠转悠，改善改善生活，想尝点什么？"

李姐可谓做到了"见什么人说什么话"：对知识分子说话，言辞文雅而委婉，听起来让人觉得礼貌之余带着热情；对工人师傅，没有表现出任何的不屑之情，说话直接爽快，推荐的东西也符合对方的经济条件；对乡下的大叔说话，通俗朴实，还带着一份关爱和祝福，老人听了自然也觉得顺耳。

不同的人有着不同的兴趣爱好，有着不同的身份和文化修养，睿智的女性，一定要抓住对方的这些特点，选择合适的语气、合适的言辞，这样开口才能减少失误。

08
侧耳倾听也是对他人的尊重
——

简·奥斯丁在《傲慢与偏见》中，描绘了这样一个情景：丽萃在一次茶会上，专注听一位刚刚从非洲旅行归来的男士讲述他在非洲的所见所闻，全程她几乎没有说什么话，可在分手时那位绅士却对别人说，丽萃是个多么善言谈的姑娘啊！

初次会面聊天时，不能只顾着谈论自己，要注意倾听对方说话，这是对他人最好的尊重与赞美。就像丽萃这样，在别人讲话的时候，专注、安静地聆听，没有滔滔不绝，没有喋喋不休，换来的却是"善言谈"的美誉。世上那些善于沟通、受人喜爱的女人，一定都是善于倾听的女人。

一位女心理咨询师到A市做演讲，并借此机会去A市有名的景点游玩一番。从A市回去后，她被朋友邀请参加生日聚会。晚餐过后，有人先行离开，还有人凑起来打麻将，唯独她和M小姐不会玩，就坐在一旁闲聊起来。

M小姐知道她刚从A市回来，说道："我听他们说，前几天您去了A市，一定去了不少地方吧？那里风景挺不错的，我一直都想去，只是今年长假的时候没有订到票，就没去成。"

之前，她跟M小姐有过一面之缘，但从未细谈过。而今听完这番话，她便知道M小姐是个健谈的人。身为心理咨询师，她自然知道，让一个健谈的人听别人讲话，无异于受罪，她心里一定很憋屈，会不时地打断你的话。此刻，M小姐这么说，不过是想从交谈中寻找一些契机，帮助她开始自己的谈话。

她听朋友说过，M小姐刚刚从木兰围场游玩回来，那里风景还不错。于是，她便对M小姐说："是的，那里的风景确实不错，尤其是草原，我很喜欢待在草原上的感觉，顿时就觉得自己变得渺小了……"

"草原，"M小姐马上打断了她的话，兴奋地说道，"哎呀，我也刚从木兰围场回来，那里真是不错，天特别蓝，待得我都不想回来了，哈哈……"

"是吗？在那里玩了几天？是跟团去的，还是自由行？"她继续问。

"我们是跟团去的，那边的路不好走，都要坐越野车……"见到眼前有这么一位倾听者，M小姐自然不会放过这个机会，滔滔不绝地讲述起了她的游玩经历。之后，在她的引导下，M小姐又讲了此行的饮食、趣事，到了最后，谈话的内容就变成了她的旅行回忆录。

她在一旁耐心地听着，不时地微笑点头，表示愿意听她

　　　　　　　女人优雅一生的社交礼仪课

继续讲下去。那个晚上，M小姐足足讲了一个多小时。聚会结束了，M小姐意犹未尽地对她说："时间过得真快呀，下次见面我继续给你讲，还有很多好玩的事。今天，我过得特别开心，没想到跟您这么投缘。"

其实，在这一个多小时的时间里，她说的话不超过十句。她心里很清楚，M小姐并不想从她那里听到什么，而是需要一个专注的倾听者，允许她把自己知道的一切都讲出来。而她所做的，就是老老实实地扮演好听众这个角色。

倾听的魔力就在于此，你不必巧舌如簧，只需洗耳恭听，三言两语依然能够打动对方，给人留下深刻的好印象。倾听是一种礼貌，一种对人的尊重、赞美和恭维。当然，从女心理师的经历里不难看出，真正的倾听绝非坐在那里干巴巴地听着，一言不发，而是要用心、用眼、用耳朵去听，在不动声色中掌握住主动权。至于倾听的技巧，这里有一些小小的建议。

○ 保持客观的心态来倾听

别人有心事向你倾诉的时候，要调整好自己的心态，切不可受他人情绪感染，把他人的坏心情变成自己的坏心情，这样不仅帮不了对方，反而还会将自己带入负面的情绪中。劝解对方也好，出主意、想办法也好，言语要适当，不要把问题激化。劝慰完了，要及时从这件事里跳出，不要积压太多的不愉快。

○ 倾听时适当提问或给予回应

一个好的倾听者，并非完全不开口说话，懂礼仪的女人通常会在听对方讲话的过程中，不时地提出几个问题，或者用表情、插入语和感叹词给予回应，告诉对方自己正在仔细地听，并且对他说的话很感兴趣。

○ 不要随意地打断别人讲话

当对方想表达的东西太多，或是情绪过于激动时，言辞上可能会语无伦次，显得有些凌乱。这时，切不可打断对方的话，要耐心地听他说完，就算有些内容你不喜欢，也不要随意打断对方的话语。试想一下：当你正说得兴致勃勃，有人随便打岔，换了其他话题，你会不会认为他缺乏教养，不懂礼貌？己所不欲，勿施于人。

○ 营造积极的倾听氛围

倾听时，为了使说话者情绪平稳，最好保持环境的安静。不要做其他的事情来干扰对方，一会儿接电话，一会儿去拿东西，或是心不在焉，这样的话，对方很容易对你失去信任和好感，不想再继续说下去。在倾听的过程中，要做到专注、诚恳，让对方感受到你的理解和诚意，他才会感到自己受重视，进而对你产生好感。

○ 必要的时候保持沉默

沉默不语，看似是一种安静的状态，实则蕴含着丰富的信息。如果说整个谈话过程是一篇乐谱，那么沉默就相当于休止符，运用得好，可以达到无声胜有声的效果。比如，对方深情地讲述自己过往的坎坷经历，讲完之后，你与对方四目相对，此刻的你，欲言又止，最终保持了沉默，眼神中给予对方一种肯定和理解，那么这种沉默，就胜过千万句评论。你在告诉对方，你已经用心听懂了一切。

倾听，是对他人最好的一种尊重，很少有人会拒绝专心倾听中所包含的赞许和真诚。女人的修养与内涵，不是体现在夸夸其谈上，而是体现在安静与柔和中，从倾听中展现出女性独有的温婉与善解人意。

Chapter 05

谈吐礼仪 | 从容得体地表达自己

01
文雅的谈吐是有修养的表现

——

　　某男士走进一间咖啡馆时，目光不由自主地被斜对面的一位女子吸引了。她模样出众，神色迷人，十分妩媚，静坐在角落。他像欣赏风景一般欣赏着眼前的画面，只是这种安静和惬意很快随着一阵刺耳的声音灰飞烟灭了。

　　那位漂亮的女子拨通了电话，一口浓重的地方口音，分贝高得惊人，语态粗俗，全然不顾咖啡厅里的其他顾客……霎时间，男士扭过了头，对这位美女的好感一落千丈。

　　语言是女人裸露的灵魂，是思想的衣裳。谈吐优雅、声音悦耳的女人，纵然荆钗布衣，也会给人以落落大方、秀外慧中之感；而口无遮拦、嗓音尖利的女人，穿着再怎么雍容华贵，也难以掩盖内里那一副肤浅的灵魂。若在只闻其声、不见其人的情况下，女人的谈吐更是直接反映出她的个人修养与内涵，高雅与粗俗，就在开口的一瞬间。

　　一位年近五旬的著名音乐家，会见了一个20岁的女作曲者。也许是年轻气盛，女作曲者喋喋不休地谈论着自己和自己的乐曲。音乐家很认真地听完她的讲述，说："20岁时，我认为自己是个伟大的作曲家，总是谈'我'；25岁时，我就谈'我和莫扎特'；40岁时，我已经谈'莫扎特和我'了。"

　　音乐家没有直言女青年说话轻浮，却从侧面反映出了他内

　　　　　　　　※ 女人优雅一生的社交礼仪课

心的真实看法：年轻人说话不要太"狂妄"，不要以"我"为中心，这不能让人对你另眼相看，反而会透露你的浅薄。

可见，说话看似是一件微不足道的小事，却直接影响着女人的形象，以及他人对自己的态度。说话过于刻薄、狂妄、粗俗，都会令人对你的人格产生怀疑，即便你是有口无心。相反，明事理、知进退，说话理性而谨慎、聪慧且贤达，这样的女人总是更受人欢迎。

那么，女人该如何用言语展示出丰厚的涵养，以及温文尔雅的气质呢？

○ 拒绝爆粗口

不经意间冒出的一句污言秽语，就会让女人苦心经营的端庄秀丽的形象顷刻间垮塌，让人忘了她所有的美好，而单单记住这句粗话。无论面对什么样的人、处理什么样的问题，都要控制自己的情绪，气急败坏、轻易动怒往往显示出自己的心虚、浮躁。你可以用确定的词语说出自己的想法，也可以辩驳别人的观点，言辞可以激烈，但神态一定要斯文温和，切不可咄咄逼人、口无遮拦。

○ 不急不躁

说话不急不躁、语速慢、声音低，在自然和舒适中可以透出女人别样的风情。那些嗓门极高、说话噼里啪啦的女人，往往会给人以泼辣粗俗的感觉。与人交谈时，清晰有力、不急不躁，显得更加稳重和优雅，也更能得到别人的重视与尊重。

○ 优化口头禅

几乎每个女人都有自己的口头禅，往往在不知不觉间就脱口而出。然而，它就跟女人的外表一样，直观地反映出个人形象；口头禅说的是什么，体现着女人的文化素养，会让人习惯性地将"话"和"人"联系在一起。

例如，习惯把"您""谢谢""抱歉""劳驾"这些有教养的词汇挂在嘴边，可以让人感觉到女人举止文雅、有素养；再如，总把"没意思""很烦""无聊"挂在嘴边，会让人感觉到一种颓废、厌倦之感；倘若开口就说"神经病""疯子"，更是让人觉得粗鲁无教养，想避而远之。

○ 过滤带刺的话

尖酸刻薄的话很伤人，会让女人显得恶毒而恐怖，没有一丝宽容与温润。所以，说话前一定要三思，把那些锐利的谩骂、叫嚣、狠话统统过滤掉，让自己说出的每一句话都含蓄温婉，学会用智慧去回击那些在言语上伤害自己的人，有条有理、温和大气，远比叫嚣和怒怼更让对方难堪。

○ 有自己的主见

语言直接反映着内心，内心独立自主，才是女人活得漂亮、活出自己的根本。在与他人在谈话出现分歧的时候，不能一味地迁就他人、委屈自己，也不能人云亦云，或是因为他人的言辞而轻易动摇，这样会给人以懦弱、没有主见的印象。

女性要学会有选择性地采纳意见，把不符合自己原则的部分剔除掉，让别人明白自己的意图和看法，用委婉的话告知，既表达了主见，又不过于强势。

○ 远离八卦

每个人都有好奇心，但好奇的事最好不要通过自己的嘴讲出来。那些搬弄是非、揭人隐私、散播小道消息、四处饶舌的女人，往往都会惹人反感。况且，终日里说是道非的女人，也很难交到有品位的朋友，很可能在不经意间就被他人利用，引起周围人的戒心和侧目。

概括言之，女人要随时注意自己的言行举止，开口温润有礼，保持应有的涵养和温文尔雅的气质，让人不敢轻视和冒犯，赢得更多的尊重。如此，才称得上优雅高贵。

02
温和的言语，令人如沐春风
——

没有谁会喜欢一个语气生硬、粗暴无理的女人，也没有人会欣赏一张尖酸刻薄的面孔。当女性在言谈中少了温和的气息，势必会招惹诸多的不顺心和他人的怨恨，遇到语言"夹生"的女性，多数人都会选择避而远之，或是嗤之以鼻。

一位外形时尚的美丽妇人，牵着一头身形壮硕的大狗，在公园里散步。大狗也许被圈在屋子里太久，很久没有出来"撒欢"了，一进公园就显得格外兴奋。它用力地挣脱女主人的牵引绳，在散步的人群中左奔右突，吓得好几个孩子直往父母的身后躲。接着，大狗又在一位老人的脚后闻闻嗅嗅，老人也被吓坏了，生怕大狗会咬着自己，就大声地喊："这是谁家的狗啊？这么大的狗不拴在家里，万一咬着人怎么办？"

妇人白了老人一眼，柳眉倒竖，破口大骂："吓的就是你，多嘴的死老头。"公园里的人见此纷纷指责，她却若无其事地牵着狗走了，老人被气得半天说不出话来。

貌若天仙、时尚靓丽又如何？一个缺乏教养、善恶不分、口出恶言的女人，永远都不会显出高贵和不凡，只会成为肤浅的小丑。行走在世间，温和美丽的语言，才是女人最好的名片。

子曰："年四十而见恶焉，其终也已。"此话的意思是说：一个人如果到了四十岁，还是经常招人厌恶，那么他的一生就完了。仔细观察不难发现，言语尖酸刻薄、不够温和，正是惹人厌恶的一大因素。那些说话带刺儿的女人，不管在家里还是在职场，总是会引发无聊的"口水战"，闹得一塌糊涂，让自己和周围的人都不开心。这样的女人，往往

女人优雅一生的社交礼仪课

家庭不幸，人际关系也很糟糕。

展现自身能量、突显不落俗套的方式有很多，温和便是其中之一。不要以为声势大、摆出一副不可一世的样子，就能让所有人心悦诚服，要知道，柔能克刚。很多时候，女人的温和柔软，比粗暴刚硬更有力量。

记得有一位名人说过这样的话："如果你握紧了拳头来见我，我可以明白无误地告诉你，我的拳头比你握得更紧。但如果你来我这里，对我说：'我想和你坐下来谈一谈，如果我们的意见相左，我们不妨想想看原因何在，问题主要的症结又是什么。'那么，我们不就可以看出，彼此的意见相距并不很远。即使是那些不同的见解，只要我们带着耐心去讨论，加上彼此的诚意，我们也可以更接近。"

阴柔是女人与生俱来的特质，在社交中，女人要充分发挥自己的柔美，来应对一些棘手的难题。温和如水，像水一样浸透对方干涸开裂的心田，用温和的语言去化解彼此之间的隔阂与尴尬，不仅能换来他人的理解，还能充分彰显女性的温和之美。

一天，商场的电器专柜异常热闹，不少人驻足围观。一位中年男士要求退换电饭煲，态度十分强硬："我上个月才在你们这里买的电饭煲，这才多长时间啊，饭都煮不了了！你们这个明显是伪劣产品，今天必须得给我换一个新的。"

商场的营业员看着那个已经用得沾满污渍的电饭煲，耐心地解释："先生，按照规定，半个月内可以退货，可这个电饭煲您已经用了一个多月了，我们只能帮你免费维修，不能退货了。"

男士根本听不进去，依旧在柜台大吼大叫，还不时地冒出两句脏话，那架势摆明就是不退货不罢休。面对这样的僵局，电器专柜的女主管走了过来，向营业员了解了情况，为了避免继续争吵和影响柜台的正常营业，女主管温和地对这位男士说："这个电饭煲已经用了一段时间了，按照规定，超过半个月是不能退货的。如果您执意要退，那干脆卖给我吧。"

就在女主管准备掏钱的时候，那个态度粗暴的男士脸红了，听着周围的人议论，他终于做出了让步，不再要求退货，只要求售后维修。

面对蛮横无理的人，一味地用以恶制恶的方式，根本不会起到任何效用。相反，温和地让步，恰恰是平息风波最好的办法。温和的态度，永远让人感觉如沐春风，就算对方还想争辩什么，可看到女人平静如水的姿态，也会觉得不好意思再继续争执，而会自发地做出你所期望的行动。

女人要做到言语温和，首先要培养一颗温和的心。身体的行为和嘴上的言语，实际上都是内在心灵的外现，当心灵变得温和而细致时，言语自然会显得温和，说话也会讲究分寸，让人感受到温暖而舒心。

对人、对事不够宽容的女人，很难做到温和；内心缺乏善良和同情的女人，也很难做到温和。她们不会在意他人的感受，不去观察自己的言行是否得当，就算伤了别人也浑不在意。可以说，心灵的温和是一种境界，是宽容和善良共同酝酿出的果实。所以，女人要在平日里培养自己谨慎和细致的习惯，培养善良的秉性，说话做事多考虑别人的感受，对所用的词语也要仔细斟酌。渐渐地，就能够让自己说话的语气和腔调趋于温和。

03
说话有礼有节，更要真诚
————

谈吐的修养，不是追求形式上的漂亮，只有礼节没有真诚，开出的往往都是无果之花。要知道，语言是很奇特的东西，你可以用它骗别人的耳朵，却骗不了别人的心。

白居易曾说："动人心者莫先乎于情。"谈吐的魅力，不在于说得多么华丽，说得多么流畅，而在于说得多么用心，多么诚恳。那些在生活和工作上都能赢得人心的女性，未必口若悬河，却一定至情至性。在说话时捧出了一颗火热至诚的心，对方很难不被感动；用得体的语言表达出自己的真诚，对方也很难不信任你。

孙蕊本是个直爽之人，只是做家具业务十几年，为了业绩总是在强颜欢笑、吹嘘商品招揽顾客，久而久之，她自己也觉得烦了。活得不自由、不坦荡，终日编造假话，违背自己的真心，实在是一种压力。为了摆脱这种压力，她决定今后要对人无所欺，对顾客坦白地讲"真话"，就算被解雇，也不在乎。

带着这样的念头去上班，孙蕊觉得心里松快多了。那天，一位顾客想要买可以自由折叠、调节高度的桌子。看着顾客满心期待的样子，她如实地说："其实，这种桌子并不是很好，我们经常接受退货。"顾客一惊，似乎没想到销售员会说出这样的话，反问道："是吗？可是现在挺流行这种桌子的，我也觉得它比较实用。"

孙蕊继续解释："看上去是不错，可据我所知，它不见得能够升降自如。很多人都看中了它的款式，忽略了结构，我要是向您隐瞒它的缺点，那就是欺骗了。"顾客不解，结构有什么问题呢？说着，她走近桌子，说："桌子的结构太复杂了，过于精巧，但实在不够简便。"说完，用脚去蹬脚板。原本，这应该像踩离合踏板一样轻轻地踩，可她却一脚狠狠地踏了上去，桌面突然往上撑起，差点儿碰到那位顾客的脸。顾客先是吓了一跳，她连忙道歉，随后顾客又笑了起来，脸上露出了喜悦之情，说："我再仔细看看。"

孙蕊笑着说："没问题，买东西就是要精挑细选，才不会吃亏。我们这桌子用的木料，品质不是上等的，贴面胶合也一般。您看看其他款，或是到别家转转也行。"顾客听完

❧ 女人优雅一生的社交礼仪课

解说，开心极了，出乎意料地表示他想买这张桌子，且马上就要取货。

几天以后，又来了几位顾客，要看她家店里的多用桌，前后买走了十几张，说是之前那位客人介绍来的。从某种意义上说，是孙蕊的真诚和坦白成就了她的业绩，也许有些话说得"不符合行规"，可字字句句都透着为顾客着想的好意，她的实在赢得了顾客的信赖。其实，顾客心里何尝不知道，什么东西都有优点和缺点，销售员越是强调它的好，越是让人觉得里面有陷阱；倘若坦白地说出它的缺点，倒也让人觉得实实在在，东西有点儿小毛病也可以接受。

有人说，交际的实质是给予和索取。从精神层面来说，没有真诚，他人就无法感受到你的给予；从物质上来说，没有诚意，他人只能将你的给予视为恩赐，或是出于无奈不得不接受。生活中从不乏虚伪之人，但伪装的东西绝对经不起时间的考验，迟早会被人看穿。想要通过言语获得融洽的人际关系、收获信任，唯有先拿出自己的真诚。纵是有什么过错，念在真诚的份上，也能得到他人的谅解和同情，而虚假与欺骗换来的只有鄙夷和不屑。

曾经打败过拿破仑的库图佐夫，在给叶卡捷琳娜公主的信中写道："您问我靠什么魅力凝聚着社交界如云的朋友，我的回答是真实、真情和真诚。"

滔滔不绝、言辞华丽的谈吐，如果少了诚意，就失去了吸引力，如同一朵没有生命力的绢花。这也提醒女性朋友，说话不能只想着追求华丽的辞藻和假装的深沉，要先想着如何把自己的真诚注入交谈的过程中，如何把自己的心意传递给对方。正所谓：不为说话而说话，要注重心灵的沟通。很多时候，朴实无华的语言，往往更显亲切而富有感染力。当对方从你的话语中感受到暖暖的真诚时，就会打开心门，接受你所讲的话，在心里产生共鸣。

真诚不是智慧，却散发着比智慧还要灿烂的光芒。很多东西，通过智慧未必可以得到，但靠着真诚却可以牢牢抓住，比如情感。花言巧语虽动听，却始终虚幻缥缈，远不如一颗真诚的心来得踏实。愈是质朴无华，愈会散发迷人的光辉。

04
开玩笑要有度，把握好分寸感
——

谈吐高雅有修养的女性，不会把自己装裱成一幅画，板着一张没有表情的脸，说一些刻板生硬的话。她们灵动如水、幽默有趣，无论是和朋友交往，还是与同事相处，在不失礼节的情况下，总会借助一些小玩笑来调节氛围，缩短彼此之间的距离。

很多时候，一句体面的玩笑话，既能消除人与人之间的

女人优雅一生的社交礼仪课

隔阂积怨，也能把一些不想说、不便说的话委婉地绕过去。通常，玩笑适用于熟人之间，毕竟跟陌生人一见面就开玩笑，显得过于随意和不尊重。不过，熟人之间开玩笑也得有度，不能失了分寸。

玲子是办公室里的"开心果"，时不时地冒出一两句玩笑话，逗得大家笑得前仰后合。同事都挺喜欢她这种直爽的性格，觉得跟这样的女孩子交往，心理上没什么压力，很轻松、很随意。都说凡事过犹不及，玲子大大咧咧的，很多事都不往心里去，无意间说错了话自己都不知道，平白无故地也得罪过一些人。

她和同事翠的关系一向不错。翠是个腼腆的女孩，说话细声细语，开会或是跟陌生人说话的时候，会因为紧张有些口吃。那次，玲子当着大家的面模仿翠的口吃，办公室里好不热闹，这一幕恰好被翠看到了。当时，翠没有说什么，只是脸颊通红。

玲子对这件事并没有在意，此后对翠还像原来那般。可她明显感觉到，翠对她冷淡了许多，还有意地疏远她，就连工作上的事也尽量避免跟她接触。她私底下问翠，翠也只说没事。后来，玲子从别的同事嘴里得知，翠那天在公司里哭了，可能是玲子的玩笑伤了她的自尊。

从上述事例中可知，不是什么事都可以拿来开玩笑的，更不能因为彼此是熟人就可以毫无顾忌，没轻没重。有些事可能你觉得无所谓，却已经触碰到了对方的底线。不能说对方小气，换个角度想想，你的底线被人触碰了，你还能大方地任由他人摆布吗？

同学相亲没成功，亲戚做生意上了当，朋友在宴会上出了丑，同事有一些小毛病……这些事本来就应该给予同情，要宽慰对方别在意，若是拿来取笑，不仅让对方觉得尴尬，还会让他认为你是个冷漠无情、只会说风凉话的人，甚至记恨在心。因为一句玩笑话，失去一个好友，实在得不偿失。

熟悉的朋友之间，开玩笑的目的是相互取乐，显得亲近。不过，玩笑不同于戏弄，善意的欺骗和无伤大雅的愚弄，可以让生活变得轻松愉快，但还是那句话，凡事有度，要掌握好分寸，如果把玩笑和戏弄混淆在一起，有时就会惹来麻烦。

陈薇在单位加班，突然接到朋友的电话，说她的孩子摔着了。陈薇一听，吓得魂都没了，一路带着哭腔就回了家。回去之后，看到孩子在沙发上剪纸，什么事也没有，这才知道自己被骗了。她气不打一处来，给朋友打电话说："你这玩笑开得太过分了！"朋友听后，不仅没有道歉，还在电话那头笑，说："今天是愚人节，别当真嘛！"她没再说话，直接挂断了电话，朋友在她心里的形象已成了"损友"。

孩子对母亲来说，简直胜过她自己的生命。拿朋友孩子的人身安全开玩笑，实在太过分。不管是哪位做了母亲的女人，听到这样的玩笑话，也难以容忍。由此可见，不分时间、不分场合、不分性质地开玩笑，也许就会触动别人内心的不快，伤了彼此的感情。

在人际交往中，利用有趣的玩笑博得众人一笑，营造愉快的氛围，如此幽默的人自然会受到大家的喜爱。只是，开玩笑不是一件随意的事，玩笑开得好不好，有没有水平，直接透露出一个女人的修养和内心。要想让玩笑发挥预期的效用，就要把握好分寸感。

○ 拒绝庸俗、低俗的玩笑

开玩笑是运用有趣的语言，有技巧地进行思想和感情的沟通，玩笑的内容、格调，直接反映着开玩笑者的思想情绪和文化修养。内容积极、格调高雅的玩笑，听起来给人以精神上的享受，也可以给人留下美好的印象。如果玩笑的内容低俗，不仅让氛围变得污浊，还会让听者觉得，你对他不够尊重。

○ 玩笑要以善意为基调

开玩笑为的是增进感情，如果玩笑充满讽刺的意味，或是试图借着玩笑发泄内心的不满，抑或是取笑别人寻开心，势必会惹得对方反感。有些人当面不说，但心里肯定会有隔阂，不愿再与取笑自己的人接触。

○ 玩笑要避开忌讳的事

在长辈和晚辈跟前，开玩笑千万不要放肆，尤其是不能谈男女之事。几辈同堂时，开玩笑要高雅，充满机智和幽默，积极、有意义，才能令众人感受到融洽和乐趣。与非血缘关系的异性单独相处时，最好不要开玩笑，以免引起反感和误会。

○ 开玩笑要注意场合

在相对严肃静谧的场合，言谈举止都要稳重一些，切忌开玩笑。在喜庆的场合，开点无伤大雅的玩笑，倒是会增添喜悦的气氛。

○ 开玩笑要视人而定

每个人的身份、地位、性格都不一样，对玩笑的承受能力也不同。有些玩笑对甲开，他开怀一笑；对乙开，他却阴沉着脸。所以，开玩笑一定要看对方的性格和心情。

外向的人，玩笑稍微大些也能得到谅解；内向的人，敏感多思，喜欢琢磨言外之意，开玩笑就要慎重。不过，当外向的人遇到了不开心的事，也不能与之随便开玩笑；而内向的人喜事临门时，跟他开个玩笑也无妨。

总而言之，没有笑声的生活是枯燥的，偶尔开个玩笑，融洽一下交谈的气氛，实乃人生一乐事。只是别忘了，每个人都有一个无法逾越的底线，一旦超过了这个界限，玩笑就不是玩笑了，而成了伤人的利器。

05
不要因他人的冒犯自毁形象

———

生活中总免不了发生一些闹剧，每位女性都有可能遇到难堪的误解、不公平的批评、辱骂，或是恶意的言语攻击。这样的现实确实有点残酷，但千万不要因为对方有意无意的冒犯，就变得和对方一样失去理智。

相互争吵辱骂，不会给任何一方带来好处，只会扩大烦恼和怨恨。更何况，在对骂中没占得上风，无异于当众出丑，会令你对自己的鲁莽和冲动懊悔不已；就算占了上风，把对方羞辱了一番，那又怎样呢？在旁观者眼里，也不过是一个满口脏话、没有修养的女人罢了。

把宝贵的时间和精力，用在与人争执上，实在不值得；为了不值得的人，和不值得的事，在众人面前丢了自己的内涵，毁了自己的形象，更是得不偿失。

著名作家巴金先生，向来是一个敏于行、讷于言的人。在20世纪三四十年代，他曾经多次受到一些小人和无聊小报的谣言攻击。对于这些事，他是这样说的："我唯一的态度，就是不理！"

面对他人的言语侮辱和冒犯，同样理智的还有胡适先生。在《胡适来往书信选》中有一封胡适写给杨杏佛的信，其中有这么几句话："我受了十余年的骂，从来不怨恨骂我的人。有时他们骂得不中肯，我反替他们着急。有时他们骂得太过火，反损骂者自己的人格，我更替他们不安。如果骂我而使骂者有益，便是我间接于他有恩了，我自然会很情愿地挨一顿骂。"

气大伤身的道理，几乎每个女人都懂；与人争执吵闹有辱形象，这一点也是多数女人不愿看到的结果。可是，要每个女人能做到像巴金、胡适一样，平静、幽默、宽容地面对他人的辱骂和挑衅，显然又不太现实。那么，到底该怎么做才能让自己既不在言语上有失礼仪，又不被对方轻易捉弄呢？

○ 给对方的捉弄找个高尚的理由

有时，他人的捉弄也许并无恶意，只是开玩笑过了头，如果因此而动怒，会显得很没有风度。不如顺势给对方的行为找个台阶，既让他意识到问题所在，又避免了自己难堪。

街头，几个正在打闹的小伙子在人群中摘下了一位姑娘的帽子，想看看姑娘有什么反应。没想到，姑娘非但没生气，还慢条斯理地说："我的帽子很漂亮吧？"小伙子笑着说："嗯，和你一样漂亮。"姑娘接着又说："你是不是想仔细看看，给你女朋友也买一顶？"小伙子有点不好意思了，说道："是啊，现在看完了，还给你吧！"

○ 转换话题，不让自己卷入漩涡

闲聊时，如果觉得对方的话不怀好意，或者是针对你时，就不应继续再说下去，以免落入对方的陷阱。

有些人喜欢搬弄是非，造谣生事，办公室里的某女就是典型的八卦者。一日吃饭时，她眉飞色舞地对身边的某女讲："昨天，你们部门的主任和助理吵得可精彩了，整个办公区都能听到，到底因为什么事呀？是不是助理抢了主任的功，他不高兴了？"

听到有人背后议论自己的上司和下属之间吵架的事，某女当然知道自己怎么回答都不合适。说"不知道"的话，显得有点假；说"知道"吧，最后可能被冠上造谣者的称号。所幸，她话锋一转，反问八卦女："这么说，你知道是吗？"八卦女摇摇头，说："我也是听说的。"

○ 以其人之道还治其人之身

萧伯纳写的剧本《茶花女》即将上演之际，他派人给丘吉尔送了两张戏票，还附加了一贴短笺："亲爱的温斯顿爵士，献上戏票两张，望阁下能携一位朋友前来看演出，如果阁下这样的人也有朋友的话。"

很显然，萧伯纳是在嘲笑丘吉尔只有对手，没有朋友。对于这样一封算得上无礼的"邀请信"，丘吉尔很淡定，他给萧伯纳回了一封信，上面写道："亲爱的萧伯纳先生，十分感谢您赠送的戏票，我和我的朋友因为有约在先，无法分身去看《茶花女》的首场演出，下一场我们肯定会去，如果你的戏有第二场的话。"

言语中没有透露出任何的愤怒情绪，却在礼貌的拒绝中，嘲笑了萧伯纳的剧本会短命，没有生命力。两人虽是针锋相对，却都显示出了各自的智慧，以及语言上的天赋。这样的回应，远远比直接的回击和指责要高雅得多。

所以，当对方无理挑衅时，不要暴跳如雷、横加指责，可以悄然无声地来一出以其人之道还治其人之身。不仅维护了自己的尊严，也给了对方巧妙的回击。

○ 保持沉默，息谤得于无言

生长环境、身份地位不同的人，在思想认知、道德修养上千差万别。当别人说了冒犯自己的话时，不必暴跳如雷，让对方的话激起自己的情绪，只会显得你定力不足，修养不够。毕竟，有些人是听不懂"理"的，因为认识能力有限，如若觉得不可理喻，大可保持沉默。正所谓，聒噪不如沉默，息谤得于无言。

06
强硬的命令，谁听了都不舒服

——

某女士遇事想请朋友帮忙，鉴于彼此关系很熟，所以说话也不客气，她直接用命令的语气吩咐朋友去做。朋友听了之后，虽然嘴上勉强应承了下来，可心里却很不是滋味，心里嘀咕道："就算是朋友，也不该这么不客气吧？我又不欠你什么，帮你做事却连一句好话都讨不到，难道我就活该听你使唤？"

朋友心中怒火难消，就一直拖着不给某女士办事，结果耽误了时日，没能办成。某女士因为误了事，心里很不舒服，埋怨朋友忘性大、不靠谱。此时，朋友对某女士已经无话可说，觉得她从来就不知道什么叫作尊重人，不宜深交。渐渐地，他就疏远了某女士。久而久之，两个人还闹起了意见，最后竟成了陌路。

生活中，类似这样的事，绝非罕见。

蒂娜是一家广告公司的前台，性格开朗，为人随和，在公司待了三年，一直都跟同事相处得不错。可最近，她却总是跟新上任的企划经理艾达"闹情绪"。

那天，一位重要的客户来公司约谈合作的事。蒂娜和平时一样，正准备去给客人沏茶，艾达却突然摆出一副命令的姿态，冲着蒂娜说："你还不赶紧去倒水？"蒂娜心里很生气，随口说道："我急着去洗手间，你先让别人去吧。"

周围同事都看得出，蒂娜并不是故意针对艾达，她只是受不了艾达每次说话时的态度，心里愤愤不平："就算你是企划经理，我是前台，那又如何？彼此间就不该有尊重了吗？就算你的提议是对的，就不能换一种语气说话吗？为什么非要弄得我像'仆人'、你像'主子'一样？在公司里是有上下级关系，可是走出公司，我跟你没什么两样！"

其实，艾达完全可以友善地说一句"麻烦你帮客人倒杯水"，温婉柔和，听起来也让人觉得舒服。可她身为上司，用粗暴的态度对下属说话，还想得到下属的合作，显然是不可能的。在尖锐对峙的情况下，没有人能够说服对方，因为不管是谁，处在什么位置，都不愿意听到别人用命令或强迫的语气跟自己说话。

也许有人会说，这不过是礼貌上的问题。事实上，这真的不仅是礼貌的问题，从听者的角度来看，有人用这种发号施令般的方式对自己说话，无疑就是在摆一副高高在上、唯我独尊的架势，根本没有发自内心去尊重自己。从听到对方命令的那一刻起，心里就充满了抵触和反感，有了这样的负面情绪，再谈什么都是枉然。

用建议来代替指使，可以令人信服；用请求代替指使，可以令人高兴地执行；用商量代替指使，会有人主动请缨；用赞美代替指使，对方会用行动证明你是对的……既然有这么多的方式可以让你达到预期的目的，为何偏偏要强硬地命令别人呢？换位思考一下：你愿意听从别人的指使吗？你喜欢别人告诉你应该怎么想、怎么做吗？

己所不欲，勿施于人。

美国著名的传记作家艾达·塔贝尔小姐，在写欧文·扬的传记时，曾经访问过一位和欧文·扬在同一间办公室工作了三年的同事。那位同事告诉塔贝尔小姐，他与欧文·扬相处那么长的时间，从来没有听到过欧文·扬对任何人下达过直接的命令，他总是建议别人做什么，而非强硬地命令。

他说："欧文·扬先生几乎从未说过'去做这个，去做那个'或者'别这样做，别那样做'，他总是说'你可以考虑这个'或者'你以为那样合适吗'。当他口述一封信后，他总是会说'你认为如何'。在看完助手写的报告后，他常常会说'也许这样措辞会更好一点'。"

把命令变成建议，不仅可以维持一个人的自尊，给他人一种自重感，还能够让对方更乐意合作，消除对立的情绪。人人都是平等的，不要以为自己比他人聪明，地位比别人高，就算真的如此，但在人格与人性上，彼此也都是平等的。试着把自己放在一个与人平等的台阶上，用商量的语气与人交流，很多时候都可以心平气和、圆圆满满地解决问题。

人际交往的基本原则，就是懂得尊重别人，你敬人一尺，别人自会敬你一丈。女性在说话沟通时，一定要尊重别人的人格尊严，收起命令的语气和高高在上的姿态，用委婉和善的言辞来提议，不仅让别人听得舒服，容易接受，也能显示出自己的品德与修养。

07

下逐客令的话，说得温和一点

————

　　与知己秉烛夜谈，无疑是人生中的一大乐事和幸事。当年，宋朝词人张孝祥与朋友夜谈之后，忍不住发出这样的感慨："谁知对床语，胜读十年书"。

　　然而，现实生活中，我们遇到的不总是知己，许多不请自来的"好聊者"，重复着你不感兴趣的话题，出于礼貌，你嘴上只好一直敷衍，可心里却很焦急，希望他能识趣一点儿，早些离开，还你一点自由的空间。明眼人感觉到了氛围不对，可能就会起身离开，而那些心思不够细腻、大大咧咧的人，唯有听到"逐客令"，才可能意识到自己打扰了别人。

　　对于好面子的女人来说，下逐客令俨然成了一道难题：舍命陪君子吧，实在是浪费了时间，毕竟自己还有其他的安排；直截了当地下逐客令，又恐怕伤了彼此的感情，让人觉得自己有点不近人情……遇到这样的事，到底该怎么处理呢？

　　想要对付这样的客人，最好的办法就是用巧妙的语言，把"逐客令"说得悦耳动听，既不挫伤对方的自尊心，又能让他意识到你可能还有其他重要的事情要做，不能陪他继续闲聊。换而言之，就是别让你的话显得那么生硬、不近人情，给它加一点温度，让人听起来觉得温和、舒服、不刺耳。

最简单的"逐客"之道，就是用委婉的言辞提醒他，你还有其他的事情要做，时间上可能不充裕，不便闲聊。

张小姐是个自由撰稿人，也是一个热情好客之人。邻居家的女主人是个全职太太，习惯每天晚上到张小姐家里来串门，平日不忙的时候，张小姐倒也觉得闲聊坐坐挺有意思，可一到了忙的时候，就有点顾不过来了。

有段时间，张小姐碰巧跟某杂志约了稿，时间上很紧张，只想安静地赶稿。邻居不知情，晚上依旧来找张小姐闲聊。张小姐为了保证自己的工作进度，就对邻居说："今天晚上我们好好聊聊，不过从明天开始我就要全力以赴地写稿子了，杂志社的编辑已经在催了，我也实在不好意思给人家拖延了。"虽未明说，可张小姐的意思很明显，就是希望邻居近期不要来打扰了，她需要专心地工作。

就像我们前面说到的，有些人性格大大咧咧，对婉转的逐客令可能意识不到。对于这样的人，可以用张贴字条的方式代替说话，纸上写得明明白白，对方自然就知趣了。

陈老师的儿子正读高三。在关键的备考阶段，父母肯定都希望给孩子创造一个安静的学习环境。可话又说回来，因为孩子高考就拒绝所有人登门造访，显然也不合情理。为了不打扰孩子的学习，又不至于伤人情面，陈老师在一进门的地方贴上了一张字条：孩子即将参加高考，客人们请多关照。

来家里做客的人，看到这样的字条，也知道陈老师夫妇对孩子的一番苦心。那一年来，如果不是有什么要紧的事，很少有人会一直待在陈老师家里大声闲聊。客人也懂得将心比心，如果是自家的孩子高考，肯定也不希望家里吵吵闹闹，带着一份理解，来客们都很自觉。

鲁迅先生说："无端地空耗别人的时间，无异于谋财害命。"任何一个珍惜时间的人，都不甘心被别人"谋财害命"，可若偏偏遇到了这样的朋友，你对他紧绷着脸，显然也不合适。这时候，你不妨试试"以热代冷"的逐客法。

每次闲聊者登门，你不要摆出一副冷若冰霜的样子，要笑脸相迎，沏好香茗一杯，拿出零食、水果，对他客气有加，用接待贵宾的高规格来招待他。时间长了，他自然也就不好意思了，觉得每次登门拜访都要劳你辛苦地招待，而他也不愿意老是以"贵客"自居，日后贸然再来的次数就会少了。

通常情况下，喜欢串门闲聊的人，多半是希望用聊天来消磨时间，这样的人没什么大志，也没有什么高雅的兴趣爱好。如果能够用疏导的办法，给他一些有建设性的提议，介绍一些有意思的活动给他，他有事可做了，也就无暇光顾你这里了。

在对此类客人进行疏导时，也要考虑到对方的年龄和地位，选择合适的语言。如果是年轻人，你不妨用激励的口吻说："人生短短几十年，多学点东西总没亏吃，有真才实学才有立足之地，有空的时候可以多充实自己。"如果是中老年人，可以依据他的具体情况，引导他培养某种兴趣爱好，比如："现在广场上有不少人在教中老年人学跳舞，既能强身健体，还能丰富退休后的业余生活，有时间的话，您也可

女人优雅一生的社交礼仪课

以去看看。"一旦对方找到了自己的兴趣爱好，恐怕你请他来，他都不会来了。

此外，你还可以试试以攻代守的逐客方式，堵住"好聊者"的登门来访之路。比如，对方习惯晚饭后到你家做客，那你不妨提前十分钟主动去他家。这样一来，你就由主人变成了客人，交谈时间的主动权也掌握在了你的手里，随时都可以找借口起身离开。你拜访的次数多了，他就会被你粘在自己家了，去你家闲聊的习惯很快会被改变。

尽管拒绝别人不是一件容易的事，可为了保证自己正常的生活，该下逐客令的时候一定不要难于启齿。只不过，说话做事之前多思考一下，尽量不给人带来心理上的不悦，保持自己的优雅和风度。这样，既不会让自己的时间被荒废，又能让对方知趣而退。

08
不问令人难以回答的问题
———

斯敏是一家公司的部门主管，为人温和，脾气很好，下属跟她相处起来，都觉得很舒服。新来的业务员安娜，大学刚毕业，涉世未深，对同事还像对大学时的室友那样，希望与谁都成为无话不谈的朋友。私下里，有些下属向斯敏反映过，安娜这女孩哪儿都挺好的，就是有事没事地总爱"瞎打听"。

直到有一天，安娜打听到了斯敏身上。那天下班，她们同路回家，安娜觉得斯敏能力强，说了一番羡慕和敬仰的话之后，突然问道："斯敏姐，你在公司待了快十年了吧？我看你跟客户都挺熟悉的，你有没有想过，自己单立门户呀？"

这个问题听得斯敏哭笑不得，她心想："这丫头真是不知深浅。单立门户是那么容易的事吗？我现在是公司的部门主管，我跟下属说自己要单立门户，这样的话传出去，老板会怎么想？"斯敏只好笑着转移话题，说："你呀，天天都在想什么呢？你今天下午联系昨天的客户了没有？"安娜忘得也快，根本没意识到自己问错了话。

临近分别的时候，安娜突然又让斯敏吃了一惊，她竟然问："斯敏姐，你有小孩了吗？"这番话，让斯敏尴尬了半天，她才遇到自己的另一半，婚还没结，何来孩子？她什么也没说，只是礼貌地摇摇头。这一路上，她可算见识到了安娜的肆无忌惮，心想：改天要是让她去跟客户约谈，还不知道出什么乱子呢！

为了让安娜意识到自己的问题，斯敏特意发了一篇关于"说话之道"的文章给她，里面第一条就提到了"不该问的不要问"。她提醒安娜，想把业务代表做好，得学会有礼有节，三思而后言，该说的话要说好，不该说的话不出口，否则不是让别人尴尬，就是给自己找麻烦。

女人优雅一生的社交礼仪课

无论什么时候，与什么人交谈，有些话题都是不能触碰的，那是绝对的"禁区"。一旦不小心碰触了，就可能惹出一场无声的战争，影响聊天的氛围，破坏彼此的关系。

○ 不要打探别人的隐私

好奇心是一把双刃剑，用对了受益匪浅，用错了惹人嫌。女性千万不要在好奇心的驱使下，随意向人发问，有些问题你可能不在意，对于别人却是不愿意透露的隐私。

对于看重身材的女人，切忌问她的体重；对于刚刚买了房子的人，切忌问多大面积、多少钱、贷款还是全款；对于工作不错的人，切忌问别人的薪水；对于大龄的青年，切忌问对方的婚姻状况。打听这些事，会让对方很反感，甚至恼羞成怒。

所以，当你打算问别人某些问题之前，最好在脑子里先想一想，这件事是否触涉及了别人的隐私？如果是，那就不要说出口。问一些得体的问题，对方容易回答且愿意回答的问题，对日后的继续交往更有好处。

○ 有些问题切忌刨根问底

有些问题不要刨根问底，比如：你问对方去了哪里？住在什么地方？对方只回答一个地名，并未说出详细地址，那你最好不要继续追问下去。如果对方想让你知道，自然会告诉你，并且欢迎你的来访。否则的话，人家就是不愿意透露，你也不要再追问了。

○ 别问对方不清楚的问题

如果你不确定对方是否能准确而充分地回答你的问题，那么最好就不要开口询问了。一旦开了口，对方又不好意思说不知道，会让情况变得很尴尬，而你也会感觉有点自讨没趣。

○ 切忌打听同行的营业状况

现代社会竞争激烈，很少有人愿意把自己的营业情况告诉别人，尤其是竞争对手。如果你跟对方是同行，那么类似工作上的事最好不要问，就算你问了，对方也不会坦白相告。只是碍于面子，人家还要想办法把这个问题搪塞过去，弄得彼此都挺难堪，实在没有必要。

聊天本就是为了找一些有趣的话题，让彼此都开心，融洽人际关系。所以，不妨多问问对方得意的事，问问对方想让大家知道的事，既能轻松地撬开别人的话匣子，还能让对方觉得你是个知心人。至于那些对方不知道，或者不愿别人知道的事，尽量避免提到。问话的目的是引起彼此的谈话兴致，而不是让谁觉得为难，感到无趣。

Chapter 06

餐桌礼仪 | 你品味食物，别人品味你

01

餐桌上的姿态最能体现礼节

在一次公开的演讲中，有人向仪态专家戴思娜女士发问：“你认为餐桌礼仪中最重要的是什么？”戴思娜女士回答说：“如果是我，只能选择姿态。”

姿态，最能凸显女性的优雅气质，也是礼仪的基础。置身于餐桌前，你在品味食物，别人也在品味你。如果你的用餐仪态很优雅，自然能给人留下美好的印象；相反，你在用餐时忽视了礼节，就可能会让人感觉素养不够。

餐桌上的细枝末节，犹如一面面镜子，映射出的都是个人的文化修养。作为女性，该如何在餐桌上保持一种美好的姿态呢？

○ 吃相如人相

日本知名心理学家涩谷昌三经过多年研究发现：一个人在吃饭这一本能行为中的种种不经意的表现，可以深层次地反映一个人的心理。正所谓，吃相如人相。

当大家围坐在一起吃饭时，谁在旁若无人地挑拣自己喜欢的食物，谁又表现出了优雅得体的举止，一目了然。所以，透过吃饭一事，就能给别人留下不一样的个人印象。就女性而言，吃相是很重要的，有些事项一定要注意：

第一，吃饭不要太急、太快，咀嚼时不要发出声音，经常用餐巾擦干净嘴角和手指。

第二，进餐时尽量不要咳嗽、打喷嚏、打呵欠、擤鼻涕，万一不能抑制，也要用手帕、餐巾纸遮挡口鼻，转身把脸侧向一方，低头尽量压低声音。如果能暂时起身离开餐桌，向外走几步是最好的。

第三，如果是接听电话或去洗手间，需要离开桌子，一定要跟旁边的客人打招呼："不好意思，我出去一下，马上回来。"站起来就走，是很不礼貌的。

第四，吃东西塞了牙需要使用牙签时，要用另一只手遮挡，切忌在他人面前张着嘴剔牙。如果不小心泼洒了酒水汤汁，要记得说一声"对不起"，让服务员帮忙收拾干净，然后轻声地说一句"谢谢"。

○夹菜的礼仪

一道菜上桌后，等主人、贵宾或长者动手后再去取食。不要菜一端上来，自己就动起筷子。夹菜时一定要使用公筷，夹菜的量要适中，不能取得过多，吃不了堆积在盘中很不好。吃完盘中的食物后，再取新的。如果是服务员负责分菜，需要添加时，待服务员送上时再取。

不要用筷子随意翻动盘中的菜，在一盘菜中来回扒拉、挑挑拣拣，显得很不礼貌。如果是本人不能吃或不喜欢吃的菜，当服务员上菜或主人夹菜时，可以取少量放在盘内，并表示感谢，切忌直言拒绝，或是露出难堪的表情。之后，当这道菜再传到你面前，可以不再夹取。

在夹菜时，手肘尽量贴近自己的身体，不要两只胳膊不顾一切地向外张开，这样会妨碍邻座的人，也很不文雅。如果客人中有左利手者，尽量将其安排在餐桌的最左边，让他本人和其他人都感到舒服自在。

○ 使用筷子的礼仪

礼仪上的细节，往往在生活中最琐碎的小事上表露无遗。中国人用餐习惯用筷子，但筷子的使用也是有讲究的，不能毫无顾忌。

第一，正规场合就餐，筷子要放在筷子架上。有事暂时离席，把筷子轻轻地搁在筷子架上，不能将其插在碗里。若没有筷子架，也可以直接把筷子搁在碟子上。

第二，每次用完筷子，都要轻轻地放下，不要发出声响。使用其他餐具时，先把筷子放下，不要手里握着不同的餐具。

第三，没想好要夹哪道菜时，最好不要举起筷子。拿着筷子在各个盘子的菜上方来回移动，是一个令人难堪的举动。

第四，用餐完毕后，把筷子横搁在面前的碟子上，以表示酒足饭饱，不再进食。横筷礼通常用于平辈或比较熟悉的朋友之间；晚辈为了表示对长者的尊重，需要等长辈先横筷后，才能跟着这样做。

○ 不要窃窃私语

食不言、寝不语，这句话你一定听过。想象一下：嘴里塞满了食物，还在不停地说话，哪怕话题再有趣，也让人觉得太不修边幅、有失体统。当然，在用餐的这段时间里，大家难免会闲聊，此时最好与邻近的客人交谈，以保证声调不会干扰到其他人。不过，千万不要捂着嘴与某人窃窃私语，这样的做法看起来很小家子气，不符合礼仪规范。

○ 避免大惊小怪

就餐时可能会出现一些小的意外状况，比如，凉菜没有处理干净，抑或是自己夹的某种食物实在难吃，无论是哪一种情况，都不要大惊小怪，用餐巾纸把杂物挑出来，或背着其他宾客将难以下咽的食物偷偷吐在餐巾纸上，然后找机会扔掉。

02
不可不知的中餐礼仪细节
———

中国自古以来就是礼仪之邦，餐桌礼仪更是人人必修的课程。现如今，不少邀约见面和谈话沟通、合作联盟都少不了以美酒佳肴来助兴。我们都知道，中餐博大精深，吃什么菜系、喝什么酒，足以令人挑花眼，那么在吃中餐时，该如何点菜，由谁来点菜、选酒，更能突显热情周全呢？有没有一些容易被忽略的礼仪细节呢？

○ 注意桌次顺序

中餐大多是以圆桌款宴，如果宴会设在饭店或礼堂，圆桌有两桌以上时，就要注意桌次顺序了。通常来说，尚左尊东，面朝大门为尊，圆桌正对大门的为主客；如果不正对大门，那么面东的一侧右席为首席。当男女主人并坐时，要秉承男左女右的原则；如果设置两桌，男女主人分开主持，则以右桌为大。

在大型的宴会上，桌与桌间的排列强调"首席居前居中"，左边依次是2、4、6席，右边依次是3、5、7席，根据主客的身份、地位、亲疏来分坐。

○ 点菜的礼仪

按照我们的饮食习惯，请客吃饭重在菜肴，所以对菜单的安排要谨慎、周全。在宴请之前，需要事先对菜单进行斟酌，考虑哪些菜可以选用，哪些菜不能用。

如果你是请客方，点菜时要注意，吃饱、吃好是基础，量力而行是关键。切忌胡乱地点菜，凸显排场，这样不仅会造成铺张浪费，也会让被请者心里不安。所以，点菜要兼顾

女人优雅一生的社交礼仪课

个人的财力和菜肴口味。

如果你是被请者，当主人邀请你点菜时，可以告诉对方，自己没有特殊要求，客随主便。要是主人希望在座者每人各点一个菜，最好选一个价格不太贵，大家又不忌口的菜。至于别人点的菜，尊重即可，切忌挑三拣四。

○ 点菜与点酒的章法

请客人优先点菜，如果客人谦让，说客随主便，也不必勉强。点菜时不能拖拖拉拉、犹豫不决，询问客人的口味，是喜欢清淡的，还是味道浓郁的？切忌根据自己的口味点太过油腻和太辣的菜。

点菜的数量不能过于随意，通常来说，主菜要比客人多一到两个，搭配一道凉菜和一道汤就足够了。特别油腻的菜，点一个就好，如东坡肉、水煮牛肉等；或是点一道有特色或上档次的招牌菜，不需要每个菜都很贵，但一定要有一道清淡爽口的菜。

如果超过四道主菜，可以考虑不同的种类和烹饪方式，比如：客人中是否有小孩、孕妇？是否有老人？是否有人对海鲜过敏？根据他们的需求来选定菜品。同时，也要考虑就餐时间，时间太紧张的话就不适宜点费时的菜，务必事先咨询一下服务员，确保心中有数。

点主食的时候，要注意南北差异和个人需求，毕竟有人喜欢面食，有人喜欢米饭。如果店内有特色主食，最好也点一份，以便尝尝鲜。

点完菜和主食后，询问一下客人想喝什么酒水，如果不想喝酒，或者需要开车，可以选择果汁。选择酒水时，白酒或红酒价格，通常最好单瓶不超过这顿饭预算的1/3 ~ 1/2。至于选择哪一类酒品，要结合"红酒配红肉，白酒配白肉"的原则。

○ 斟酒的礼仪

斟酒时要站起身，右手拿瓶，大拇指在酒瓶的内侧，其他四个手指在瓶的外侧，握住酒瓶的中心，让酒瓶的商标朝向宾客。向杯内斟酒时，瓶口与杯口不能碰撞，要保持1 ~ 2厘米的距离。斟酒的动作要稳妥、轻缓，不可斟得太满或溢出，可用左手协助右手来完成。

当客人暂时离席时，不要给客人斟酒，待对方回来后再为其满上。倘若操作不慎，将酒洒出，或是碰到了其他宾客的酒杯时，要向客人致歉，并用干净的餐布将溢出的酒水吸干。

○ 敬酒的礼仪

敬酒也要祝酒，通常在宴会过程中进行。

敬酒应当分清主次和先后。通常来说，应当先敬主人、年长者、身份地位高者。与不熟悉的人一起喝酒，要事先打听清楚对方的身份，或留意其他人如何称呼，避免出现尴尬的局面。如果酒宴上的人身份地位相当，可按照顺时针方向，依次斟酒。

女人优雅一生的社交礼仪课

敬酒时，身体要端正，态度要自然大方。向长辈和距离较远的人敬酒，要站起来，身姿挺拔；向平辈人、邻近的人敬酒，可以坐着，但上身也要挺直，双肩齐平。然后，礼貌地举杯，向对方致以微笑和祝福语，内容简短即可。待对方啜饮，你再随之饮酒。饮毕，还应当与敬酒对象对视一下，才算敬酒完毕。

在中式宴会上，碰杯也是敬酒的一个常见环节。在碰杯时，要让你的酒杯举起的高度，低于对方的杯沿，以表示敬重和谦虚。若对方距离较远，可以用酒杯底轻碰桌面的方式来表示碰杯。若是主人单独敬酒给你，你一定要回敬主人，才算符合礼节。

如果自己不能喝酒，可以向对方说明，以茶或水代酒。如果对方不喝酒，也要予以体谅，不要被好奇心驱使追问到底。如果别人没有主动说明原因，就意味着对方认为这是他的隐私。

相互敬酒是表示友好的方式，但饮酒要适量，控制到不超过本人酒量的30%。一旦酒后失态，就会给人留下非常糟糕的印象，会被认为很没有教养，更别提优雅和魅力了。

○ 拒酒的礼仪

给人敬酒要适可而止，而作为被敬酒人也要量力而行。如果因为生活习惯或健康原因不宜饮酒，也要用礼貌的方式来回绝他人的劝酒。先要感谢对方的热情与好意，然后说明自己不能饮酒或不宜多喝的理由，如身体不适、有公务在身、下午要开会议等，对方通常都会理解并接受。然后，可以说一些"以茶代酒，情谊在其中"的话，给对方以尊重。

03
享用西餐时保持得体的举止
——

对于现代人来说，西餐并不陌生。只不过，与中餐相比，西餐的礼仪相对更复杂一些，特别是在出席大型或重要的西餐宴会时，掌握好西餐礼仪更能体现女性的个人修养。

○ 餐前预约

通常来说，比较上档次的餐厅都需要事先预约，告知就餐人数和时间，表明对座位的需求。如果是生日或其他特别的日子，还要告知宴会的目的和预算。而后，在预定时间内到达，如取消预约要提前告知，这是最基本的礼貌。

○ 衣装得体

去西餐厅就餐，不太适宜穿牛仔裤、休闲鞋，特别是重要的宴会，这样的着装打扮与整体的就餐环境不相配，且对同席的人也不够礼貌。穿套装和有跟的鞋子比较合适，即便是家族或朋友间的轻松聚会，也当身着洋装或连衣裙。如果邀请函上标注有"Black tie"（黑领带）时，女性应当穿着晚礼服。不过，在国内穿长礼服不太方便，也令人感觉不够自在，因而穿着半长礼服更适宜。

妆容不要太浓重，如果用餐时不小心使玻璃杯沾上口红，会给人留下不好的印象。所以，在用餐前应当以面纸稍微压一下嘴唇。同时，也要避免使用香味过浓的香水。长发的女性，在用餐之前应当把头发整理好，以免头发扫过料理或餐具，给人留下不够干净的印象。

○ 入座的礼仪

入座时，女性最得体的方式是从左侧入座。当椅子被拉开后，身体在几乎要碰到桌子的距离站直，领位者通常会把椅子推过来，腿弯碰到后面的椅子时，就可以坐下来。身体和餐桌之间要保持适当的距离，不可用手托腮或将整个手肘搁在身上。随身携带的手包，应当放在背部与椅背间，不能随意放在餐桌上。

○ 点菜的流程

西餐的菜单和中餐有很大差别。同样是举办宴会，中餐的热菜和冷菜加起来要有十几道，还要配上主食、甜食和水果，种类很丰富；西餐的菜单是按照前菜、汤、副菜、主菜、蔬菜、甜品以及咖啡和茶的顺序来安排的。当然，不一定非要从前菜开始点，但对于西餐的品类还是要有所了解，以免在点菜时贻笑大方。

前菜——主菜之前的少量料理，正统的前菜大都以鱼子酱、烟熏鲑鱼、生火腿、小龙虾、焗蜗牛等为主，目的就是开胃。所以，前菜通常都具有特色风味，味道以酸和咸为主，且数量较少，质量较高。

汤——西餐的汤不会放到最后再上，而是作为第二道菜。汤品主要有海鲜汤、蔬菜汤、清汤、奶油汤、罗宋汤等；冷汤的品种比较少，有德式冷汤、俄式冷汤。

副菜——通常是鱼类菜肴，品种包括各种海水鱼、淡水鱼、贝类和软体动物类。因为鱼类等菜肴肉质鲜嫩，比较容易消化，故而放在肉类菜肴的前面，在叫法上有别于肉类菜肴。西餐吃鱼类菜肴要搭配专用的调味汁，如荷兰汁、白奶油汁、大主教汁、水手鱼汁等。

主菜——通常是肉禽类的菜肴。肉类的菜肴，原料取自牛、羊、猪等动物的各个部位，最具代表性的是牛排或牛肉。牛排按照其部位分为西冷牛排、菲力牛排、肋眼牛排等，以烤、煎、铁扒为主。肉类菜肴的调味汁，主要有西班牙汁、班尼斯汁、蘑菇汁等。

禽类的菜肴，原料取自鸡、鸭、鹅，也包括兔肉和鹿肉等。禽类菜肴品种最多的是鸡，焖烤炸煮皆可，主要的调味汁有咖喱汁、奶油汁、黄肉汁等。

蔬菜——蔬菜类菜肴往往安排在肉类菜肴之后，或与肉类菜肴同时上桌，西餐将其称为沙拉。沙拉常以生菜、西红柿、黄瓜、芦笋等制作，调味汁有油醋汁、法国汁、千岛汁、奶酪沙拉汁等。另外，西餐中还有一些蔬菜是熟食的，如花椰菜、炸土豆条等，它们通常与主菜的肉禽类菜肴一同摆放在餐盘中，称为配菜。

甜品——主菜后食用的食物，包括布丁、冰激凌、奶酪、水果等。

咖啡和茶——这是西餐的最后一道"菜"，咖啡通常要加糖或淡奶油，茶加香桃片和糖。

以上就是正式的全套餐，点餐的时候没有必要全部都点，点太多吃不完，不仅浪费，也显得失礼。前菜、主菜（鱼或肉选其一）加一点甜品，是最为恰当的组合；选择一样喜欢的主菜，再搭配合适的汤，也是不错的选择。

○ 餐具的礼仪

对于西餐的刀叉餐具，要注意摆放位置和使用礼仪。

进餐时，餐盘放中间，盘子的左边放叉子，右边放刀子和勺子。餐桌上摆放的刀叉，最多不超过三副，三道菜以上的套餐，必须在摆放的刀叉用完后随上菜再放置新的刀叉。

刀叉有不同的规格，吃肉时无论是否用刀切，都要用大号的刀；吃沙拉、甜食或开胃小菜时，要用中号刀；喝汤时要用大号勺，吃冰激凌时用小号勺为宜。在使用刀叉时，左右手要相互配合，即一刀一叉成双成对地使用。需要注意的是，用餐过程中，切忌用自己的餐具为他人来布菜。

○ 就餐的礼仪

每次送入口中的食物不要太多，咀嚼食物的时候不要讲话；对自己不喜欢吃的食物，也要放一点在盘中，以示礼貌。取食物时不要站起来，拿不到的食物应请别人传递；用餐时切忌打嗝，万一发生这种情况，应立即向周围人道歉。进餐中途有事要离开，应当向左右的客人小声打招呼。饮酒干杯时，即便不喝，也要将杯口在唇上碰一碰，以示敬意。

在高档的餐厅里就餐，像倒酒、整理餐具、捡起掉落的刀叉等事宜，应由侍者代劳。他们会经常留意客人的需要，如需服务，可用眼神向他示意，或微微把手抬高，侍者见到就会过来。如果对服务感到满意，想付小费时，可用签账卡支付，即在账单上写下含小费在内的总金额再签名，最后别忘记口头道谢。

○ 餐巾的用法

餐巾的作用是避免在用餐时弄脏衣服，大部分餐厅都将餐巾以没有折痕、皱褶的折法放置于桌上，在餐巾的使用上也有着大体相同的情境要求。

请注意，一落座就将餐巾打开是不符合餐桌礼仪的，通常要在点完料理后，再将餐巾打开，最好用双手打开餐巾，切忌来回抖动。就餐期间，除非你站起来，否则餐巾应当随

　　　　　　　　女人优雅一生的社交礼仪课

时盖在你的膝盖上。

如果中途暂时离开座位，可以将餐巾放在椅子上，切忌搁在桌子上，否则就意味着你不想再吃了，接受过正规酒店礼仪培训的侍者可能会不再给你上菜。况且，把沾有污渍的餐巾放在桌面上，实在是一项破坏食欲的举动。

用餐完毕后，就可以将餐巾拿掉了。当大家都要离席时，将餐巾大致折叠一番，自然地放在餐桌上或椅子上，千万不要随意地挂在椅背上，或是揉成一团扔在桌上。

04
自助餐，随意不等于随心所欲

自助餐是比较随意的一种就餐形式，菜品从冷盘、热菜、水果再到甜品、酒水一应俱全，喜欢吃什么就取什么。不过，随意不等于随心所欲，在享受自在的同时，也要讲究礼仪。

○ 排队取餐

在取餐时，如果餐厅有设定好的方向，那就按照顺序排队，不逆行、不插队；如果没有设定好的方向，在取某一样食物时，要等前面的人取完后，再用公用的餐具取餐，之后迅速离去，以方便后面的人取餐。千万不要在众多食物面前犹疑不决，让身后的人久等，耽误彼此的时间；取菜时切忌挑挑拣拣，这样的举止显得很缺少教养。

○ 取菜有序

很多人吃自助餐时，完完全全地自行其是，乱盛一通。这样的取菜方式，可能会导致咸甜相克，吃得也不舒服。所以，吃自助餐时也要注意取菜的先后顺序，可按照冷菜、汤、热菜、甜品、水果的次序来取。

○ 少量多次

吃自助餐讲究"少量多次"的原则。所谓少量，就是在选择某一类菜肴时，每次只取一点，待品尝之后觉得适合自己，还可以再次去取。如果不管适不适合自己的口味，取菜时乱装一气，把多种菜肴混合在一起，不仅容易串味，还很容易造成浪费。

○ 举止细节

吃带骨头类的食物时，不要弄得满桌都是，用一个碟子来盛放吃剩的骨头。吃东西的时候，切忌狼吞虎咽，要小口小口地往嘴里送。用过的餐盘，可以叠放在一起，方便工作人员收敛；再次取菜时，不要用已经用过的餐盘。

女人优雅一生的社交礼仪课

○ 不可外带

所有的自助餐，无论是对外经营的正式餐厅，还是由主人亲自操办的自助餐，都有一条潜规则：只能在用餐现场自行享用，不可在用餐完毕后携带回家。换而言之，在用餐之际，无论吃多少东西都不碍事，但千万不要偷偷地带走，这样的做法很不符合礼仪规范，被人看见了更是自取其辱。

○ 送回餐具

自助餐不只是取菜肴时以自助为主，还要求善始善终。用餐完毕后，要自觉地将餐具送至指定位置。在庭院、花园里享用自助餐时，更应当注意这一点，切忌将餐具随手丢弃。在正式的餐厅里用餐，通常是由侍者收拾餐具，可即便如此，也当在离去之前对餐具稍加整理，不要弄得一片狼藉。取用的食物若有剩余，不要私下里乱扔、乱藏，要将其放在适当的位置。

05
在奉茶与饮茶中体现素养
———

对中国人来说，饮茶不仅是一种生活习惯，更是一种悠久的文化传统。无论是见面会谈，还是走亲访友，几乎都少不了以茶待客，由此也就形成了相应的饮茶礼仪。想成为一个举止投足都透着修养的女性，了解奉茶与品茶的礼仪至关重要。

○ 奉茶之礼

来客敬茶的习俗，想必大家都不陌生。无论是在家里招待宾客，还是在正式的宴请场合，宾客来了立刻奉茶是最基本的礼仪。在奉茶之前，还要先询问一下客人的喜好，如果有点心招待，也可以先上点心，再奉茶。

当宾客人数较多时，要按照职位的高低顺序来安排奉茶的先后顺序。奉茶时八分满为宜，切忌倒满，水温也要适中。给多位客人奉茶时，端出的茶具要均匀一致，最好是用茶盘端出：左手捧着茶盘底部，右手扶着茶盘的边缘，大方得体地为客人奉茶。倘若上茶之前已有点心，要把点心放在客人的右前方，茶杯摆在点心右边，方便客人取用。

○ 饮茶之礼

当自己作为客人，接受他人的款待时，在品茶时也要注意自己的礼仪修养。

通常，主人在上茶前会询问客人有什么喜好或禁忌，最好在主人提供的几种茶叶中选其一，或告知均可。此时，向主人提出额外的要求，是很不礼貌的，比如，主人提供的茶叶有花茶、龙井、普洱，唯独没有红茶，这时候切忌说"我想喝红

女人优雅一生的社交礼仪课

茶"。如果自己不习惯饮茶，应及时向主人说明。倘若没来得及说明，主人已将茶端上来，最好是喝几口，以表示对他人的尊重和感谢。如果实在不想喝，也不要面露不悦。

喝茶时，端茶的动作要缓慢优雅，一手的大拇指与中指持盅口，一手的中指与食指托盅底；如果是带杯托的茶杯，可以用右手端起茶杯，不动杯托。然后，轻送到唇边，小口品饮，可适当称赞主人的茶好，这既体现了对主人的尊重，也表现出了自己礼貌待人的素养。

需要注意的是，饮盖碗茶时，最好用杯盖轻轻将漂浮于茶水上的茶叶拂去，茶水太热的话可以等到自然冷却，不要用嘴去吹；用没有杯耳的茶杯时，要以右手握住茶杯的中间部分，千万不要用双手捧茶杯，或直接用手端杯底，这样的动作显得很不雅观，不符合饮茶礼仪。

06
你了解葡萄酒餐桌礼仪吗
——

葡萄酒餐桌礼仪最早形成于西方，如今已经逐渐被国际社会所通用。在正式的社交场合中，葡萄酒是必不可少的，这一点不少朋友在生活中都有体会。不过，关于葡萄酒的餐桌礼仪，你有详细了解过吗?

○ 上酒

在上酒的时候，品种要按照一定顺序安排：先轻后重、先甜后干、先白后红。在品质上，遵循越饮越高档的规律，先上普通酒，最高档的酒留在餐末。那些使用国际精品葡萄精心酿造的高级酒种，在餐末饮用会给人带来无尽的回味。

需要说明的是，在更换酒的品种时，一定要换新的杯具，这是一种基本礼仪，同时也是为了更好地品尝不同葡萄酒的味道。

○ 开瓶

按照通常的惯例，在开瓶之前，应当先让客人阅读酒标，确认该酒的种类、年份等是否与所点的酒一致，再看瓶盖封口处有没有漏酒的痕迹，酒标是否干净，最后再开瓶。

开瓶后取出软木塞，让客人看看软木塞是否潮湿。如果潮湿的话，就证明该酒采用了比较合理的保存方式，不然可能会因保存不当而变质。同时，也可以让客人闻一闻软木塞有没有异味，或进行试喝，对酒的品质进行确认。确定无误后，再正式倒酒。

○ 斟酒

斟酒的顺序通常是主宾、主人、陪客和其他人员；若是家宴，长辈为先，小辈在后；客人为先，主人在后。国际上比较流行的服务顺序是，先女主宾后主人，先女士后先生，先长辈后幼者，女性一直保持优先地位。请人斟酒时，要将酒杯置于桌面；若不想续酒，只需用手轻摇杯沿或掩杯即可。

○ 敬酒

西方各国的宴会敬酒，通常选择在主菜吃完、甜品未上之间。敬酒时，将杯子高举齐眼，并注视对方，最少要喝一口，以表敬意。

07
如何优雅地享用一杯咖啡
——

咖啡原是一种引进饮品，而今却已经成为众多人生活中的常备饮品。遍布各地的咖啡厅，也成为人们休息、交谈和放松之地，也许你平日里喝咖啡是比较随意的，但有关咖啡的礼仪，还是有必要了解一番，以便在今后需要时用得上。

○ 端杯：手指不要穿过咖啡杯的杯耳

盛用咖啡的杯子通常都是特制的，这种杯子的特点是杯耳小，手指是没法穿过去的。其实，就算是使用杯耳较大的杯子，也不应把手指穿过去，而是要用拇指和食指捏住杯耳，轻轻地将杯子端起。

咖啡杯应当放置在自己的面前或右侧，杯耳指向右方。喝咖啡时，用右手拿着咖啡杯耳，左右轻轻托着咖啡碟，慢慢地移向嘴边，轻轻啜饮，不能发出声响。千万不要做出俯首去吸咖啡，或大口吞咽咖啡的动作，太有失礼仪。

如果坐在远离桌子的沙发上，不方便双手端着咖啡饮用，可以用左手把碟子放置在与胸齐平的位置，用右手端着咖啡杯饮用。饮毕后，立刻将咖啡杯置于咖啡碟中，不能将两者分开放置。添加咖啡时，切忌把咖啡杯从碟盘中拿起来。

○ 搅拌：掌握标准的咖啡匙搅拌手法

咖啡匙是专门用来搅拌咖啡的工具，不是用来舀咖啡喝的，也不能用来捣碎杯中的方糖。搅过的咖啡匙上面会沾有咖啡，要顺着杯子的内缘将咖啡液擦掉，不能拿出匙甩动，或是用舌头舔咖啡匙。用过的咖啡匙，最好放在托盘内侧，以免端起咖啡的时候掉落。

用咖啡匙搅拌咖啡的标准手法是，将咖啡匙立于咖啡杯的中间，先顺时针由内向外划圈，到杯壁再由外向内逆时针划圈直至中间，然后重复同样的手法。这样的搅拌方式，可以让咖啡浓淡均匀。

○ 加糖：用咖啡匙或糖夹，避免咖啡溅起

很多女性都喜欢喝咖啡的时候加一点点糖，让口感更柔和、甜蜜。给咖啡加糖有两种情况，一种是砂糖，可以用咖啡匙舀取，直接加入杯中，添加的位置要放得低一点，避免咖啡溅出；另一种是方糖，用糖夹子把方糖夹在咖啡碟的近身一侧，再用咖啡匙把方糖添加到杯子里，如果用糖夹子或手直接把方糖放入杯中，咖啡容易溅出。总之，无论哪一种情况，加糖时都要小心，让咖啡弄脏衣服或台布，是很不礼貌的行为。

○ 饮法：循序渐进地品味，闻香轻啜再添料

咖啡趁热品尝是最好的，但不能像喝白水那样一饮而尽，要慢慢地品，循序渐进地享受它的美妙，并达到放松和提神的目的。在咖啡制作好或刚端上来的那一刻，先对着咖啡杯深深地吸一口气，闻一闻那扑鼻而来的浓香；然后，吹开咖啡油再轻啜一口，品尝咖啡的原味；最后，再根据个人的喜好加入糖、奶等。

○ 甜品：饮咖啡放下甜品，吃甜品放下咖啡

喝咖啡时配一些甜点，更能让人感受到轻松与惬意。不过，千万不要一手端着咖啡杯，一手拿着点心，吃一口、喝一口地交替进行；饮咖啡时要放下甜品，吃甜品时放下咖啡。

无论是坐在咖啡馆享受咖啡的醇香，还是坐在家里惬意地独自感受自制咖啡的乐趣，按照以上的程序享受一杯咖啡，不仅能亲身践行品饮咖啡的礼仪，也能让享用咖啡时的自己，变得越来越优雅。

Chapter 07

职场礼仪 | 成为受欢迎的合作伙伴

01
重视面试礼仪，敲开职场大门

———

求职面试时，给主考官留下良好的第一印象，无疑能够增加被录用的概率。要做到这一点，需要事先详细了解所要面试的公司的具体情况，详尽地分析公司现状，并全面衡量自身的能力，而后谨慎地选择求职岗位，仔细考虑该应聘哪一岗位更有利于个人价值的实现。想明白了这些问题，才能更自信地迎接面试。

除了做好上述准备之外，面试时的个人礼仪也是不可忽视的加分项。通常来说，在求职面试时，一定要做好以下几件事，它们直观地透露着你的个人素养。

○ 遵守时间

时间观念直接反映了一个人做事的态度，也是求职面试要遵从的基本礼仪。准时赴约，体现着对面试的重视，以及对他人时间的尊重，同时也体现着个人的自律性与修养。

○ 形象得体

关于形象的重要性与具体内容，我们在前面已经详尽地介绍过，此处不再赘述。需要注意的是，求职面试时的装扮，不能太随意，要以严谨端庄为首要标准，以打造专业形象为第一目标。要知道，展现职业素养比展示性感更重要。

○ 资料备全

参加求职面试，一定要带好相关的资料，如个人简历、学历证明、职业资格证书，或者是能够证明自身专业能力的作品等。在面试的过程中，有序地呈递给考官，千万不要待对方询问起来时，胡乱地翻找，这样既影响时间，也会给考官留下做事无条理的不良印象。

○ 礼貌就座

踏进面试的办公室后，待接见者请你就座时，再在指定的位置入座。面试过程中，就座方式以面对面为宜，且要注意保持端正的坐姿。

○ 自信应答

当考官在面试过程中向你发问时，一定要展示出自信，落落大方地作答，切忌唯唯诺诺、支支吾吾。你要切合实际地发表自己的见解，但不要展开发挥，长篇大论。对于和应聘岗位相关的问题，也要大胆地询问。

○ 礼貌道别

当主考官以起身示意面试结束，或是说"和你交谈很愉快""感谢你来面试""今天的谈话就到这儿"等意味着面试结束的话语时，要及时作出反应，真诚地向对方表示感谢，有礼貌地道别。面试过后，还可以给考官写一封信或发送消息，再次表示感谢，既体现出礼貌，又能加深印象。

离开办公室时，别忘了将自己坐过的椅子摆放整齐，大大方方地离开。在经过公司前台时，也要向接待过自己的工作人员道谢和道别。如果被录用的话，这些人就是自己的新同事，留下好的印象，有助于日后的人际相处。

02
职场里的称呼要视情况而定
———

与任何人讲话之前，都应当加上一个得体的称呼，我们在会面礼仪篇里讲过这一点。然而，职场不同于日常生活，在称呼方面更需要注意，不能没大没小，也不能冒冒失失。在工作环境中，称呼隐含着你内心对某个人的态度，不同的职场称呼也能够反映出企业环境的优劣、职场关系的亲疏，甚至窥视到企业人际关系的现状和企业文化。

晓静以前在一家电子公司上班，同事之间、上下级之间都以"哥""姐"相称。后来，她应聘到一家图书公司工作，上班第一天报道，她见到主任后，恭敬地叫了一声"郑姐"，对方点头示意，也没说什么。之后两天，晓静就一直这样称呼对方，结果对方跟她说："你还是叫我郑薇吧。"晓静心里纳闷，叫一声"郑姐"不是尊称吗？直呼名字多无礼啊！

一周之后，晓静终于明白自己的"问题"出在哪儿了？原来，文化公司的主管和领导，许多都是编辑或学者出身，出于尊重都以"老师"或其职务相称，在这里叫"哥""姐"很不合时宜。之后，她就改口称主任为"郑老师"。

这件事也让晓静长了教训，到新单位工作，一定要留意别人是怎么称呼的，不能凭借过去的经验和习惯，自作主张地称呼他人。如果实在不清楚如何称呼对方，客气地询问一句"对不起，我是新来的，不知道该如何称呼您"，也比不懂礼数乱称呼别人强得多。

通常来说，企业性质、管理方式、文化习惯的差异，直接决定了企业内部人员之间称呼的不同，这要根据所在单位的具体情况而定。初入新企业，先要了解所在公司的企业文化，对所在部门和所有同事做一个大致的了解。当新老同事相互做介绍时，是你确定该如何称呼周围人的最好契机。

一般情况下，大家会根据彼此的职务，用"姓＋职务"来相互称呼，比如，在政府机关部门，可称呼领导"赵局""张处"等；在医务单位工作，可以称呼"张医生""刘主任""王护士长"等；在学校工作，可以称呼"李老师""王教授"等；在律师事务所工作，可以称呼"孙律师""乔律师"等;"老师"这个称呼,只适用于学校、出版社等单位,不明确单位性质而称呼对方"老师",会让人以为你没有脱离学生气,有迂腐之嫌。

有些新兴企业,同事关系比较轻松,私下可以用昵称。不过,在比较正式或人较多的场合,还是要以"姓+职务"的方式来称呼对方。在欧美背景的外企工作,员工之间大都互叫英文名,即使对上级也如此;在国企、机关单位、日韩企业,则要有等级观念,最好以"姓+级别"来称呼同事或领导。

称呼这件事,也要投其所好。有些人喜欢别人以职务称呼自己,有些人则喜欢亲切一点的称呼。相处的过程中,要有所分辨,按照对方喜欢的方式来称呼他。对于位居副职的人,单独与其相处时,不妨将"副"字省略,这样的称呼体现着一种尊重,被称呼者也会开心;当正副领导同时在场时,就要使用明确的职务来称呼他们。

03
办公室里不谈论禁忌话题
————

苏莉性格大大咧咧,说话也很随性,有点风吹草动的事,她都能当成故事一样绘声绘色地讲出来。毕业后,她进入一家外资公司担任总经理助理。由于每天都跟总经理打交道，公司有什么重大的决策，都是靠她传达到各个部门。总经理很欣赏她，不仅是她工作能力强，也因为她性格开朗，总能给人带来一种积极向上的力量，且在一些关键的问题上，她还能给总经理提出一些一针见血的看法和建议。

公司发展得很快，利润大幅提高。总经理决定为部分表现优秀的员工加薪，可外资公司的老板对国内的经济消费水平并不太了解，就找这个女孩咨询了此事。苏莉很聪明，做了一份报告，老板看后很满意，也采纳了她在报告中的一些想法。

可不知怎么回事，似乎就在一夜之间，全公司的人都知道了加薪的事情。原本平静的办公室变得沸沸扬扬，大家私下都在猜测，究竟谁会加薪，能加多少，都无心正常工作了。老板很不高兴，认为是苏莉泄露了秘密，毕竟这件事只有她一个员工知道。挨了一通批评后，苏莉觉得很委屈，她开始琢磨：到底是不是自己泄露了消息？

她突然想起来，自己在写报告时，跟几位同事聊过薪资待遇的问题，还开玩笑式地说了一句："老板很好看你噢，下个月请客吃饭吧！"就这么一句话，惹得谣言四起。她觉得很后悔，自己说话太不注意了，一时的疏忽搞得公司人心惶惶、议论纷纷。最糟糕的是，还让自己给上司留下了"大嘴巴"的印象，真不知道还能不能扭转自己的形象。

为什么老板很反感员工泄露加薪的消息呢？

如果你了解谷歌当年对泄密事件的态度，就很容易理解了。在诸多求职者心中，谷歌就是天堂，为了留住人才，它会不定期地为全体员工加薪。2010年，谷歌的CEO在某周二晚间通过公司备忘录宣布，要为全体员工加薪10%。

不久后，《财富》杂志获得了这份文件的拷贝，并将其曝光。尽管对谷歌来说这并非什么负面新闻，但加薪是一种商业机密，这显然意味着公司有人泄密了。谷歌的高层得知后非常生气，在此事被报道几个小时后，直接解雇了泄密者。

公司不是一个畅所欲言的好地方，有些话是坚决不能说的，口无遮拦、快言快语，这会让老板觉得你不可信赖，缺乏诚信和自律，难当重任。那么，有哪些话题是禁忌呢？

○ 家庭财产

家庭财产是私人的秘密，把这些事拿到办公室里来说，并不是什么明智之举。无论是老板还是同事，都不愿看到公司里有人肆无忌惮地炫耀自己买了房子、去了欧洲、中了大奖，有些快乐分享的圈子越小，越能品尝到幸福。如果拿到办公室里，就会显得很做作，不是惹人嫉妒，就是惹人厌烦，与其这样，不如闭口不言。

○ 薪资奖金

在发工资这件事上，老板基本上就只会单线联系，不公开数额，也不乐意听到员工之间打听薪水的事。毕竟，公司里都存在同工不同酬的问题，用好了就是一种激励，用不好就会引发矛盾，让员工把矛头都指向自己。

作为员工你要相信，当你把事情做得足够好，有了不可替代的价值时，老板必然愿意用高薪奖励你、留住你。如果碰上有同事向你打听薪水的事，那不妨沉默或是转移话题，或者选择冷处理："咱们能说点别的吗？"有来无回一次，就不会再有下次了。

○ 私人生活

公司是工作的场合，同事是工作的伙伴，如果总在办公室里说私人感情、家长里短，一来会影响做事的状态，二来也容易落下话柄。有些嘴巴不严的同事，很可能会把你的秘密告诉他人，当谣言四起的时候，难免会有什么不好听的话传到老板耳中，直接影响你在老板心中的形象。所以，一定要把自己的私域当成办公室的禁区，轻易不让同事涉足，这是竞争压力下的自我保护。不只是不谈论自己的私事，同事的私人问题也尽量不要打听，万一某天她的秘密被公开了，即便不是你泄露的，你也难逃嫌疑。

○ 个人野心

在办公室里大谈雄心壮志、人生理想，是一件不太明智的事情。当你把"我要当老板，自己创业"的话挂在嘴边时，你就站在了老板的对立面；当你脱口而出"我要坐到部门经理的位置"时，你就站在了同事的对立面。

有进取心是好事，但公开野心却不太好，这等于在向公司里的同僚们发起挑战，被同事和老板视为威胁。一个人的价值不是体现在嘴上，而是体现在做事上，放低一点姿态，积极地做事，才是理性的抉择。

04
了解与上司相处的艺术

——

一年前，莫岩被A公司从外资企业挖了墙脚，到A公司担任市场总监。刚进公司时，就有人提醒她，这里跟外企的文化不一样，关系很复杂，一定要知道上司的底线。然而，莫岩是个直性子，没把这些话当回事。

由于莫岩能力出众，董事会和总经理都对她很重视。很快，她就成了公司里很有影响力的人物，尽管职位是总监，可在很多方面，她已经跟公司的副总平起平坐了。

总经理屡屡在公开场合表态支持莫岩，这给了她莫大的鼓舞和信心。接下来的半年里，莫岩进行了许多市场革新，取得过一些成绩，也因为一意孤行而失败过，公司里不少人都有怨言，唯独总经理一直很信任她。

自信不代表能成功。莫岩试图在短期内进行全盘调整，结果使得公司损失惨重。董事会把公司所有高管训斥了一通，让莫岩没想到的是，总经理竟然把所有的失误都揽在了自己身上，替她扛过了这一关。

总经理的宽容，让莫岩产生了一种亲近感。到了年底，她因为策略制定得好，帮助公司取得了显赫的业绩。在庆功宴上，莫岩盛装出席，酒酣耳热之际，竟然当着一些下属的面说："我这个人就是好强，走到哪儿都要成为顶梁柱，要是我升职了，肯定还能做得更好……"

许多人都附和着，谄媚之态更让莫岩有一种飘飘然的感觉。这一幕，总经理全都看在眼里，当时脸色就变得很难看。一个月之后，在公司例会上，总经理第一次不留情面地训斥了莫岩。三个月后，总经理又找了一个冠冕堂皇的理由，让莫岩"体面"地离开了公司。

看完莫岩的经历，你知道她为什么会被辞退吗？

其实，努力表现自己，证明自己的能力，是无可厚非之事。然而，抢上司的风头，却是职场大忌。这也提醒我们，无论什么情况下，都要清楚自己的地位，特别是和上司在一起时，一定要顾及上司的威严。想在职场上平步青云，一定要掌握与上司相处的礼仪。

○ 有礼有节，注意言行举止

和上司相处时，要时刻注意自己的言行举止。

任何场合与上司相遇，都要面带微笑、主动问好；遇到高层领导，要减速慢行，并向外侧行走，同时点头问好；与上司谈话时，不能漫不经心、东张西望。

上司是工作上的领导者，要有一定的威望，作为下属要与上司保持一定的距离，尽量不要跟上司开玩笑。在工作中犯了错误，或是遭受了批评时，不要当场与上司争辩。如果上司批评得不对，可以私下找机会与上司谈话，说明原因，或是指出上司对自己的误解。

○ 尊重上司，维护上司的形象

上司是企业的管理者，其形象直接影响管理的效果。作为下属，尊重上司是最基本的素养，有关工作的进度或其他问题，要直接向上司汇报，不能越级汇报；在公共场合要维护上司的形象和威望，保全上司的面子；遇到问题及时向上司请教，学习上司身上的闪光点。

○ 摆正位置，不可喧宾夺主

上司之所以能成为上司，必然有他的过人之处，身处特殊的位子，在付出各种辛苦之后，也会有一种渴望做主角的欲望。有出风头的机会和场合，自然应当把上司推到前面，而不是自己在那里好大喜功、夸夸其谈。倘若在言谈举止上不能摆正自己的位置，总是喧宾夺主，甚至自作主张，这样是很难长久的。

　　　　　　　　女人优雅一生的社交礼仪课

○ 不问隐私，替上司保守秘密

无论什么时候，都不要去打听别人的隐私，对上司亦如是。无论是与上司本人聊天，还是同事之间聊天，目的是多了解对方的做事风格、性格、习惯等，而不是为了探求隐私。尤其是跟女上司聊天，更不要问及个人问题，如年龄、家庭等。

即便跟上司关系很好，或是上司主动向你诉说了一些私人问题，也不要在同事面前炫耀。上司把自身的秘密向你倾吐，说明他信任你，你要替对方保守秘密。

05
不在背后议论同事的长短

———

世界上最好的东西是舌头，最坏的东西也是舌头。因为这世间所有冠冕堂皇的言辞都是舌头的功劳，而所有诽谤中伤、恶意造谣的罪魁祸首也是舌头。一个有修养的女人，自然知道管好舌头的重要性，在为人处世时也必定会秉承一条原则——闲谈莫论人非。

陈露在一家私人诊所做医生，这里除了外聘的几位专家年岁大一些，其余的医生和护士大都是年轻人，工作之外的时间里，大家总会坐在一起闲聊八卦。

性格外向的陈露，上学时就是有名的"大嘴巴"，这个毛病到了上班后也没改掉。她一直以"知道得多"成为众人中的焦点，可最近她却郁闷了，有种"失宠"的感觉。

诊所里新来了一位小护士，模样俊俏，说话甜美，不少男同事都借机向她示好。陈露的风头被一个新来的小丫头抢了去，她心里很不痛快。也许是出于嫉妒，也许是不甘心，她总是留意着小护士的一举一动。这一留意不要紧，还真让她发现了"端倪"。

小护士经常会到院长办公室去，陈露透过玻璃窗看到，他们有说有笑，似乎不像在谈工作。更要命的是，有一次陈露竟然听到，小护士在向院长"撒娇"，说一定要准她的假。对陈露来说，这简直是天大的消息，不爆料一下绝对难以抚平她的好奇心。

很快，诊所里的人都开始议论纷纷，说小护士和院长之间有不正当的关系。一位追求小护士的男医生，得知这个消息后特别沮丧，一时间情绪激动给小护士发了一条短信，很不客气地指责了小护士，说没想到她这么善于伪装，在众人面前假扮清纯，如果不喜欢自己，就不要给了自己希望又想着别人。

小护士满腹委屈，第二天挂着眼泪来质问男医生，说他污蔑了自己。都说陷入爱情里的人智商为零，此刻的男医生和小护士俨然都到了情绪崩溃的边缘，男医生干脆直接质问小护士她和院长的关系，小护士拂袖而去，说他不可理喻。

事后，大家才知道，原来院长是小护士的表舅，两个人是亲戚。晚辈在长辈面前撒娇，想多得到几天的假期，也是很正常的事。这一切，却被不知情的陈露添油加醋地编造成了一个不可告人的故事。结果可想而知，不仅小护士心里怨恨陈露，就连男医生也对陈露无语了。

吃一堑，长一智。虽然之后没有人直接找陈露理论，可她自己也明白，这回的八卦真的得罪了人。幸好，同事都是本分之人，小护士也算是宽容、有修养，没有把流言之事传到院长耳朵里。否则的话，自己不仅得罪人，还得面临失业的风险。

闲谈本无错，但拿什么作为谈资，却是一件值得深思和重视的事。尤其是在职场里，出于无心的某句话，在以讹传讹的过程中，不知道会演变成什么样，给别人造成多么严重的负面影响。真到惹出麻烦的时候，再来后悔，再去道歉，也没有任何意义了。对他人的伤害已经形成，绝不是简单的一句"对不起"就能抚平伤疤的。

更何况，背后议论他人，也会显得自身素质很低。试想一下：一个穿着优雅的高贵女人，如果在背后窃窃私语、议论别人的坏话，她在你心中的形象定会大打折扣。背后议论同事是世俗的表现，是被人鄙夷的行为。同时，也要远离那些喜欢造谣生事的人，如果实在没办法躲开，他说什么你就装出倾听的样子，但不要加以评论，也不要再说给其他人。

同事之间有需要帮忙的时候，伸出援助之手，这是融洽人际关系的绝佳时机，但一定记住，距离产生美，你只要帮忙就好，不要过分关心同事的隐私。若是自己遭遇了流言，也不必劳神动怒，暴跳如雷，因为这样根本于事无补，还会给上司和同事留下急躁的印象。在流言面前保持冷静，微笑对待，这比捶胸顿足、大呼小叫好得多。

冷静之余，做一下自我反省：自己是不是不小心做错了什么？找到源头，寻求解决之道。若真的有错，不妨改正，及时制止流言；若是无稽之谈，那不妨找出证据，澄清事实。有些时候，纷争和流言往往皆因利益而起，如果有必要，适当地放弃利益或是让自己置身"利"外，以退为进，自然可以击退流言。若是迎头而上，很可能中了对方的圈套，得不偿失。

06
发生分歧时，温和地讨论问题

————

工作中遇到意见相左的情况是再平常不过的事，可当分歧出现时，巧妙地表达出自己的看法，却不是一件简单的事。很多时候，把握不好说话的方式，就可能会让分歧变成矛盾冲突，既影响与他人的关系，也会给人一种缺少修养的

女人优雅一生的社交礼仪课

印象。

某网络公司的一位编辑抱怨说，她最烦的事情就是开选题会，每次开会完后，连工作的心情都没了。原因是，部门里有个女同事，每次讨论问题就像是在"吵架"，就只觉得自己的选题好，对其他人的选题随意抨击，而且嗓门、声调特别高，根本容不得别人解释，好像就她了解市场，就她的见解最独到。

后来，再召开选题会，轮到那位女同事的选题时，大家基本上都不进行讨论说明，干脆投"通过"一票。倒不是因为多欣赏她的才华，而是懒得去争论。反正，一个选题好不好，领导也会斟酌，况且还有读者的反馈呢！

果然，几期内容刊登后，那位女同事的几个选题都遭到了读者的"吐槽"，有人说无聊，有人说俗套。即便如此，那女同事依然不自省，还是极力地拔高声调否定别人，殊不知领导早已把她的自以为是收入眼底，记在心里。

终于有一次，听到她高声反驳同事时，领导严肃地说："咱们讨论选题，是为了各抒己见、相互交流，选出好的内容，增加网站的点击量。我希望，大家都本着这个目标来工作。有时候，个人意见不能说明问题，只是作为参考，我提倡每个人都说出自己的看法，可前提是心平气和、实事求是地说，不要把选题会变成辩论赛，这种氛围很不好。"

领导虽然没有直接点名指责，可大家都听得出来，领导对那位女同事的说话态度很不满。毕竟，大家都是平等的同事关系，领导还坐在那里，她摆出一副唯我独尊的架势，故意抨击、贬低别人的想法，显然是有点不知深浅了。

每个人都有保护自己的想法和自尊心的意识，听到别人提出不同意见，都会不自觉地想要自卫。你用挑衅的语气、生硬的态度、尖刻的语言去反驳同事，要他如何赞同你、信服你？你对同事颐指气使、刻意贬低的时候，把老板放在什么位置？考虑到老板的感受了吗？

不必担心温和的姿态会埋没才华，事实刚好相反，越是针锋相对、高声反驳，试图用对抗的方式证明自己的价值，越会给人留下没修养的浅薄印象。遇到分歧时，心平气和地听别人把话说完，用温和的语气进行客观分析，营造一个和谐、舒适的谈话气氛，不仅能讨论出好的结果，也不至于因言语过激而得罪人。温和沉稳，永远比肤浅狂傲更得人心，走得更远。

07
礼貌地拒绝不合理的请求

————

电视剧《女心理师》中有一位令人印象深刻的来访者小莫，这个大男孩为人忠厚、心地善良，努力维系与周围同事之间的关系，所有人都把累的、不喜欢的工作交给他，而他却从来不懂拒绝，也不敢拒绝。这样的隐忍与讨好，没能换得同事的尊重，受伤的小莫为此走进了咨询室，希望能帮助自己摆脱困境，学会勇敢地拒绝。在看到这一案例时，许多观众发弹幕说，自己也有着和小莫类似的经历以及心理困惑。

关于拒绝这件事，我们需要有一个理性的认识，它并不是自私，也不是冷漠，而是在真诚坦诚的基础上量力而行。如果不考虑自身的情况，盲目地选择接受，未必能换来更多，也未必能赢得尊重；恰当地拒绝，是有力量的表现，更是对自己、对生活的热爱。

有些人把礼貌和拒绝对立起来，认为拒绝别人是一种失礼。其实不然，有位哲学家为了让只会隐忍和退让的人看清一个事实，说过这样一番话："我多么愿意别人欣赏我的礼貌，我的大度，可实际上，他们只是享受我的礼貌，甚至奸污我的礼貌。有的人即便你无数次忍让他，也不能停止他的攻击与辱骂，他会越来越猖獗，到后来连我的家人都要连带一起骂。如果我不打断他，他是不会罢休的。"

现实总不如想象中那么美好，也不是所有人都如想象中那么懂道理、有分寸。一个有修养、受尊敬的女性，必然会和气待人，但也该有自己的底线。这是一种精神和志气，让你时刻能够坦诚面对自己的心，不必用勉强和委屈来压抑自己，该退步时宽容大度，该争取时绝不妥协。有了这份明确的态度，才能让那些试图压榨和索取你的人望而却步，从而心存敬畏，不敢轻易去碰触你忌讳的东西。

失不失礼，并不在于说"不"这件事，而在于说"不"的方式。你可以对比一下，同样一件事情，用不同的表达方式说出来，带来的感受有什么差别。

——"我认为你说得不对"对比"我不认为这种说法是对的"。

——"我觉得这样不好"对比"我不觉得这是个好主意"。

虽然前后的意思差不多，可在拒绝别人的时候，显然后者更加委婉，容易被人接受。在日常生活中，如果我们能够做到多站在他人的角度去思考问题，多给他人留一点余地，尽量不要伤及对方的自尊，也不为难自己，那就不算失礼。

○ **传递出"同意"的初衷，随后说出自己的难处**

当同事想给你的工作加码，你可以这样拒绝："没问题，可我现在的任务太多了，有点忙不过来，你能不能过段时间再来找我？"这样的回答，表面上没有断然拒绝，把主动权交给了对方，但实际上已经让对方知晓，你此时此刻，甚至在短时间内，都无法答应他的请求。

○ **敷衍式的回答，把矛盾引向其他的地方**

小组成员想调换工作内容，你不好意思直接拒绝，可以告诉对方："这样的事情必须经过小组讨论，才能作出决策。不过，现在这样的事情恐怕很难通过，如果你实在要坚持，那也只能等大家讨论后再说。我个人单独决议，其他人难免会有意见，影响小组的工作效率。"听到这样的回答，对方通常都会无奈地说："那就算了吧，别让你为难。"

○ 答非所问地拒绝，比直接说"不"好得多

当对方问你："这周能不能替我值班？"你可以告诉对方："我这周要参加一个很重要的活动，是早就定好的。"显然，你的回答根本不是针对这个问题的，但对方会从你的话语中感受到，你暂时无法满足他的请求，他只能采取其他的办法。

面对职场中令自己为难的请求，拒绝的态度一定要坚定，不能含糊其辞，但拒绝的话，点到为止就行了，要给对方留个台阶。否则的话，既不雅观，又会伤人。

Chapter 08

商务礼仪｜尊重为本，营造融洽的气氛

01
尊重是商务往来中的第一准则

——

与朋友相处，最重要的是彼此尊重，这是维系长久融洽关系的前提。在商务活动中，对待客户亦要遵从这一相处之道。尊重是人与人交往的前提，将心比心是建立良好关系的根基，不能只跟意向客户交朋友，而是要尊重自己认识的每一个人。习惯戴有色眼镜看人的人，往往也是不被他人待见的人。不管什么时候，在什么地方，都请牢记：谦虚的品行，有教养的举止，永远都不会过时。

在商务交往的过程中，怎样做才算是真正地尊重客户呢？

○ 用心倾听对方讲话

心理学家卡尔·罗杰斯说过："如果我专心聆听客户的倾诉，如果我能了解整个事件对客户的意义，如果我能感觉这对客户有多大的影响，那么，我会帮助客户释放出能促进他内部变化的强大潜力。"

在与客户交谈时，为了拉近彼此的距离，往往会谈论一些私人话题，或是双方感兴趣的话题，融洽商务交往中的气氛。当客户谈及你不喜欢或不擅长的话题时，也要专心地聆听，这是对对方的尊重。聆听的过程中，不要随意插话或转移话题，特别是当对方正在抒发自己的情感或者分享自己认为重要的信

女人优雅一生的社交礼仪课

息时，如果打断，会令对方感觉很扫兴，甚至很生气。

○ 说话态度温和坦诚

心理学大师恩克尔曼说过："人类只有感受到别人的关爱，才会开放自己的心灵，感受到暗示和影响。"所以，在跟客户沟通时，说话态度一定要温和、坦诚，让他充分感受到被尊重、被信任、有善意，切忌言语尖刻，这会伤害客户的自尊心，从而使自己失去对方的信任，同时破坏自身的形象，给人一种充满戾气之感。

○ 冷静对待犀利言辞

当客户所用的言辞比较激烈时，一定要保持冷静，尽量控制自己的情绪，避免受到客户言论的影响。耐心地聆听完客户的话，理解其真实意思，对客户所说的话获得完整、准确的理解。这个过程既体现了自身的内涵与修养，也能够寻找到信息所传达的真正含义，与客户实现良好的互动。

○ 以真诚守信为准则

一个人可能在所有的时间欺骗某些人，也可能在某些时间欺骗所有人，但不可能在所有的时间欺骗所有的人。在商务交往中，想赢得客户，要以真诚守信为准则。现在的信息传播速度令人猝不及防，所谓的小手段、小聪明，是很容易被看穿、看破的。客户有甄别的能力，一旦发现你说话、做事夸大事实，就会先入为主地给你贴上"不可靠"的标签，日后就很难再改观了，对自身形象和企业信誉都是一种损害。

○ 让客户感觉被重视

无论是大客户还是小客户，都很重视自己在他人眼中的位置，都希望自己在他人心中是独一无二的，以满足心理优越感。换而言之，客户希望得到"一视同仁"，又希望得到"独一无二"的待遇。所以，在沟通或谈判的过程中，一定要把客户当成重要人物来对待，让他感受到你对他的尊重，感受到你期待与之合作。

商务交往是一门艺术，需要具备敏锐的头脑、睿智的眼光和高深的文化修养，还要遵守商务礼仪规范。把尊重客户放在第一位，给人留下有素养、懂礼仪、识大体的印象，才能为将来的合作奠定基础。

02
提前预约，没人喜欢不速之客

在商务交往中，拜访是必不可少的互动环节。然而，拜访不能贸然进行，没有人喜欢不速之客，且在拜访的过程中也要有礼重仪，否则会给对方留下不好的印象，影响后续的合作。所以，当你准备对某一客户进行商务拜访时，请务必做好以下事宜。

○ 做好拜访前的准备工作

俗话说："不打无准备的仗。"想要信心满满地做好一些事，应当提前做好充分的准备，只有想得周全、做得仔细，才能给人留下值得信赖的印象。

拜访要提前预约，这是最基本的礼仪。通常来说，要提前三天给被访者打电话，简单说明拜访的原因和目的，和对方确认拜访时间。待对方同意后，才能前往。

拜访要目的明确，对此次拜访想要解决的问题做到心中有数，如：需要对方做什么？能够给予对方什么？有哪些要求？想得到什么样的结果？

拜访要携带礼物，无论是初次拜访还是再次拜访，都应携带礼物。礼物能够联络双方感情，缓和紧张气氛。至于送什么样的礼物，要根据对方的喜好、品味来选择，投其所好。

拜访要重视仪表，得体的仪表是对被拜访者的尊重，也直接影响着拜访的效果。这一点我们之前详细介绍过，此处不再赘述。

○ 拜访过程中的礼仪细节

拜访他人要守时，迟到是失礼的表现。被拜访者会感觉自己不被尊重，也会质疑你的工作态度和能力。如有意外状况，不能如期赴约，必须提前通知对方，以便被拜访者重新安排工作。在通知对方时，一定要说明失约原因，保持诚恳的态度，力求获得对方的谅解。必要时，可以约定好下次拜访的日期和时间。

抵达会面地点后，如果没有直接见到被拜访者，不可擅自进入，要先通报，获得允许后才能进入。通常，大型企业都会有专门的接待人员，交代自己的基本情况后，待对方安排好之后，再与被拜访者见面。如果拜访者出差居住在商务会所或酒店，抵达后可以找前台接待打电话通知被拜访者，经同意后再进入被拜访者所在房间，或听取对方的意见，在会所大厅某处等待，切勿鲁莽直奔被拜访者所在的房间。

○ 清晰明了地表达主旨

与被拜访者见面后，简单的问候与寒暄不可少，这是一种会面礼仪。不过，在寒暄过后，就要直奔主题了，毕竟是业务性访问，要简单、清晰、明了。通常来说，业务介绍也有一些规范性的技巧，如：介绍产品或项目，要凸显人无我有，人有我优，人有我新。

这样的介绍，既有新意，又节省时间。在商务拜访的过程中，时间是一个重要因素，不能拖得太长，否则会影响对方的其他工作。如果彼此事先设定了拜访时间，那就按照规矩走；如果没有设定时间，力求在最短时间内讲清楚所有问题，然后起身离开，这也是对被拜访者的一种尊重。

掌握上述的这些拜访礼仪细节，有利于在商务往来中展示出个人素养与工作能力，给被拜访者留下有礼重仪的印象，促进日后的商务合作。

03
与对手谈判博弈，也须以礼相待
——

谈判是正式的商务活动中的一项内容，为了促成谈判，不少人煞费苦心地钻研谈判技巧与策略，却忽视了礼仪在谈判中的作用。人是情感动物，在谈判的过程中，对谈判对手以礼相待，不仅体现了自身的素养，也在一定程度上影响着谈判对手的思想与情感。

那么，如何才能够成为一个懂礼仪的谈判高手呢？

○ 做好谈判前的准备

关于谈判时间的选择，要经过双方商议来决定，不能一方单独做主，否则有失礼仪。通常，要选择对己方最有利的时间来进行，避免在身心状态不佳、连续紧张工作后，以及不利于自己的市场行情下进行谈判。

关于谈判地点的选择，最好争取在自己熟悉的环境内，如若争取不到，至少应选择在双方都不熟悉的中性场所。如要进行多次谈判，双方可以交替决定谈判地点，以示公平。

关于谈判人员的选择，谈判队伍由主谈人、助手、专家和其他谈判人员组成，谈判人员的身份、职务要跟对方谈判代表相当。谈判人员的仪表、形象和素养，会与谈判的实质内容一起传递给对方，相互影响、相互感染。

关于谈判资料的准备，但凡与谈判主题相关的情况，都要进行客观的调查研究，以掌握充分全面的信息资料，在谈判中赢得主动权。信息资料主要包括，对方的实力评估，主题行情，对方的文化背景和所处社会的习俗，以及对方所在地的政法制度等。

○ 谈判座次有讲究

正式谈判时，各方在谈判现场就座的位次是有讲究的，这是一项重要的礼仪。

就双边谈判而言，座次排列有两种形式：

一是横桌式，谈判桌在室内横放，客方人员面门而坐，主方人员背门而坐。双方主谈者居中而坐，各方的其他人员依照具体的身份、职位高低，各自先右后左、自高而低分别在己方一侧就座。主谈者的右侧位置，在国内谈判中可坐副手，在涉外谈判中由翻译人员就座。

二是竖桌式，谈判桌在室内竖放，具体排位要以进门的

❤ 女人优雅一生的社交礼仪课

方向为准，客方人员坐右侧，主方人员坐左侧。其他方面，与横桌式的排座相似。

就多边谈判而言，座次排列也有两种形式：

一是主席式，即谈判室内面向正门设置一个主席的位置，由各方代表发言时使用。其他各方人员，一律背对正门、面对主席之位就座。各方代表发言完毕后，须下台就座。

二是自由式，即各方人员在谈判时自由就座，无须事先正式安排座次。

○ 谈判过程中的礼仪

身为谈判者，特别是主谈人员，临场的表现往往会影响谈判的气氛。所以，务必要自觉地保持风度，与对手以礼相待。具体而言，在谈判过程中要做好以下五点：

第一，保持真诚。在洽谈的过程中，要始终如一地对谈判对手以诚相待，排除一切干扰，时时、处处、事事表现出真诚的敬意。

第二，以礼相待。谈判过程中，要保持谦和有礼，即便与对方存在严重的利益之争，也不要进行人身攻击，或是恶语相加、讽刺挖苦。在任何情况下，都应本着心平气和、互敬互爱的原则与对手相处，把尊重和礼仪放在第一位。

第三，人事分开。谈判双方之间的关系，可以比喻成"两国交兵，各事其主"，就算双方是好友，也要记住朋友归朋友，谈判归谈判，人与事要分别而论。

第四，争取双赢。在商务洽谈中，利益是各方关注的核心问题，谁都渴望能在谈判中最大限度地维护或争取自身的利益。可从本质上来说，成功的谈判并不是以"你死我活"为目标，而是通过多次博弈，使各方互利互惠、互有所得，实现双赢。

第五，求同存异。在洽谈时，发言措辞要讲究文明礼貌，准确慎重。同时，也要注意从对方的立场回顾己方的要求和条件，并做出适当幅度的让步，以求大同存小异。僵持不下时，要竭力克制，或暂时转移焦点，借助点幽默来缓和气氛，再继续谈判。

总而言之，谈判要以真诚尊重为准则，在和谐友好的气氛中，磋商不一致的看法，共同解决问题。

04
重视签约环节，以免功亏一篑
——

经过多次的谈判博弈，各方就合作的要求和条件达成了一致，但此时谈判并没有结束，还需要完成文字性合同的签订，才算是获得了一份具有法律效力的合作协议。关于签约这一环节，也要重视相关的礼仪，一旦忽略了，很有可能会

女人优雅一生的社交礼仪课

导致前功尽弃。

　　某城市的一家知名公司，经过长期的商业谈判后，终于和美国一家企业谈妥了一笔订单。在达成合约后，双方决定正式举行一场签约仪式。双方的洽谈地点一直是在中国，签约仪式自然也由中方负责，然而令人没想到的是，在仪式正式举行的那一天，美方却因为仪式上出现的一些问题，差点儿取消了合作。

　　到底出现了什么问题，让美方产生不满了呢？

　　原来，在签字桌上摆放中美两方国旗的时候，中方的秘书按照中国的传统"以左为上"把中方国旗摆放到签字桌的右侧，将美国国旗摆放到左侧，她不知道当前的国际惯例通行"以右为上"。当美方人员看到了这样的摆法后，十分不满，甚至为此拒绝进入签字厅。经过调解，这场风波总算是平息了，但这件事却让负责签字仪式的秘书遭到了领导的狠批，她也为此得到了深刻的教训。

　　签合同不是随随便便之事，特别是在涉外活动中，一旦出现了礼仪方面的问题，很容易让对方产生误解，让费尽心力争取来的谈判结果遭受影响。所以，我们很有必要了解国际商务礼仪中有关签约的一些细节问题。

○ 签约会场的布置

　　签约会场，要力求整洁和清静，以庄重为原则，最好在签字厅内铺上地毯。正式的签字桌，要铺上深绿色的台呢，横放于室内，签字桌后面摆放适量的座椅，数量视情况而定。如果是双边式签约，座椅可以少放几张；多边性签约，座椅数量要适当增加。

○ 签约座次的安排

双边签字仪式，最常用的是并列式排座，即签字桌横放于室内，双方负责签字的人员居中面门而坐，其他人员分别就座于签字人员两旁，客方居右，主方居左。另外，也可以选择对面式排座，座次排列与并列式相仿，唯一的不同是双方签字人员面对面地分别坐在签字桌的两旁。

多边签字仪式，通常采用主席式排列，即签字桌横放于室内，面向正门的位置设立一个主席台，其他人皆面对主席台而坐。签字时，各方负责签字的人员按照顺序走上主席台，在合同、协议上签字完毕后，转身离开主席台，回到原座位处就座。

○ 签约的基本流程

第一步：宣布开始，相关各方人员先后步入签字厅，在既定的位置上就座。

第二步：签署文件。每一位签字人在己方所保留的文本上签字时，按照礼仪规范，应当名列首位。所以，通常要先签署由己方所保存的文本，再签署由他方保存的文本，这种做法也称为轮换制，指的是在文本签字的具体排列顺序上，有关各方应当轮流，均有机会居于首位一次，以示各方完全平等。

第三步：交换文件。各方签字人交换文件，相互握手，互致祝贺，并将刚刚用过的签字笔相互交换，作为纪念。全场人员热情鼓掌，以示祝贺。

第四步：共饮香槟。已签订的合同文件互换后，相关人员，尤其是签字人员，要当场共饮香槟，这也是国际上通用的增添喜庆的做法。

05
开业庆典的准备流程与礼仪

——

开业庆典是商务活动中的一项重要内容，庆典举办得好与坏，直接影响着公众对企业的好感度与信任度。要让开业庆典进展得顺利有序，收到预期的效果，有一些商业礼仪规范是必须要遵循的。

○ 事先做好宣传工作

企业举办开业典礼，为的是扩大企业的知名度，引起公众的关注。所以，在典礼筹备阶段，务必要做好宣传工作，设计出具体、贴切、吸引人的内容，告知开业典礼举行的时间、地点，企业的经营特色、优惠政策，乘车路线等。

○ 提前派发邀请函

开业典礼举办得是否精彩，与典礼的规模、气势息息相关，这两者取决于参加典礼的人员数量，以及参加典礼的宾客的身份、地位、职能等。所以，在开业庆典之前，一定要提前邀约重要的领导、代表或知名人士，扩大典礼的气势；还要邀请兄弟单位和关系密切的团体、事业单位、新闻媒体方面的人士参加。

正因为此，开业典礼的礼仪更不能小觑，请柬要设计得精美、大方，并提前几日派送。对于一般人员，请柬邮寄即可；若是重要的人物，最好派人直接送过去，以显示诚意。

○ 准备好纪念礼物

开业庆典是一个喜庆的日子，如果少了纪念礼品，参加典礼的人员必然会觉得扫兴，也感觉举办方不够有诚意。所以，在典礼举办之前，一定要准备好赠送的礼品。

○ 正式地迎接宾客

开业庆典正式开始时，企业负责人要列队站在门口，穿戴整齐的礼仪小姐站在门两侧。当主持人宣布开业典礼正式开始后，音乐声响起，烘托气氛。当乐曲结束后，企业负责人发表致辞，对到场的宾客表示感谢，同时介绍企业的经营特色和未来的发展方向，并邀请上级领导和重要客人致辞祝贺。

○ **完成剪彩仪式**

礼仪小姐端上事先准备好的剪彩工具，红色缎带、新剪刀、白色手套等，剪彩人员在礼仪小姐的配合下，完成剪彩仪式。剪彩完毕，主人可邀请宾客到企业内部参观，以诚恳的态度感谢来宾的支持，请来宾题词。

06
新闻发布会的礼仪要求

————

企业在对外宣传时，经常会举办新闻发布会，邀请相关新闻单位的记者参加。在举办新闻发布会之前，需考虑到以下几方面问题。

○ **确认新闻有价值**

举办新闻发布会之前，必须慎重考虑将要发布的新闻是否有价值，是否值得发布，发布之后能否吸引公众的注意。

○ 选择可靠的媒体

如果邀请的媒体是由自己来选择的话，那么一定要谨慎选择：一是要选择合法的媒体，避免一些滥竽充数的媒体胡乱报道；二是要选择主流媒体，即在行业中比较有影响力的媒体。

○ 提供真实的信息

召开新闻发布会，必然会涉及提问，在不影响国家安全和商业机密的前提下，可以选择回答，也可以选择不回答，或是有选择性地回答，但绝不能误导舆论。如果提供了不真实的信息，就等于误导媒体，向社会公众传递虚假的信息，这必然会遭到舆论的谴责。所以，作为企业和新闻发布会的发布人员，在发布信息时一定要仔细斟酌，遵守国家法律，遵守商业社会的游戏规则。

○ 确认时间和地点

新闻发布会的举办日期至关重要，在举办之前一定要慎重考虑，根据实际情况确定日期和时间，避开当时、当地的其他重大活动，以免影响效果。在地点的选择上，要以交通便利、停车方便为原则。

○ 做好会前的物质准备

新闻发布会召开之前，要印制请柬，这是基本礼仪。

请柬上面要注明以下内容：新闻发布会的目的，举办日期、时间、地点，举办机构和联系电话。被邀请者的姓名要写得整齐美观，不能潦草，以突显对他人的尊敬。对于重要的人物，最好派专人送请柬。

另外，还要为记者、来宾安排好休息、工作的场所；调试好会场的音响设备，以便录音和扩音。新闻发布会结束后，通常会举办鸡尾酒会、茶话会等，为企业相关人员和记者创造联络情感的空间，促进交流，因此要准备好宴会所需要的物品。

○ 做好应对的预案

这是一项重要的准备工作，如果遇到记者提问，或是临时性的采访，要不卑不亢、落落大方地回答问题，不要回避或恶语相加。只要媒体的活动是合法的，我们就有向对方提供信息的义务。当然，最好事先有所准备，尽量琢磨一下媒体会询问哪些问题。在条件允许的情况下，可以做一个演练，有备无患。另外，向媒体提供的材料应当规范，有些重要的数据须经过仔细核实，并与此前所公布的数据保持一致。

礼仪是为人处世的根本，也是企业发展的前提。就新闻发布会而言，礼仪的重要性不容忽视，它直接决定着新闻发布会的成败，也关乎着企业的形象与影响力。

Chapter 09

公共礼仪 | 识大体比
出风头更重要

01

翩翩起舞，美丽更要有礼

对现代女性而言，舞会是常见的社交娱乐活动，也是考验礼仪修养的一个重要场合。那么，怎样才能够在舞会上成为一抹亮丽的风景，在轻歌曼舞中展现自己的教养与风度呢？

○ 衣着、妆容与舞会相配

无论参加什么样的舞会，整洁干净是第一位的，包括衣着、手、口腔等。参加舞会之前，要洗澡、刷牙，且不要吃韭菜、蒜等带有刺激性气味的食物，满口异味会让舞伴难以忍受，也是对对方的不尊重。

参加舞会的服饰，尽量要与环境相匹配，过于灰暗的衣服不太适合舞会，最好穿裙摆较大、长及脚踝的裙子，这也能在起舞时有飞旋的飘动感。高跟鞋是提升气质和魅力的法宝，可以让女性的步态和舞姿摇曳动人，且能够衬起长裙，以免拖沓。如果参加的是大型的正规舞会，穿晚礼服最适宜，且头发最好梳成发髻。参加舞会的妆容，可以浓艳一些，这样能在灯光幽暗的舞会现场显得更夺目。由于晚礼服属于盛装，戴上贵重的珠宝首饰会更显华贵。

○ 尽量不拒绝异性的邀请

如果没有特殊的原因，最好不要拒绝异性的邀请，这样会让对方感觉不被尊重。落落大方，更能体现出良好的思想修养与高雅的文化素质。如果身体不适或有其他原因，不方便接受邀约，也要礼貌地回绝，告知对方"对不起，我想暂时休息一下"，不伤邀请者的自尊。如果你拒绝了一位男士的邀请，一曲未终又有一位男士前来邀约，这时一定不要接受。否则的话，会让前一位被拒绝者感到难堪。如果同时被两位男士邀请，那就要同时礼貌地拒绝两位，或按照"先来后到"的顺序接受先来者，并向后来者诚恳地表示："不好意思，下一曲与您跳好吗？"

○ 注意与舞伴的亲密度

女性不宜与异性舞伴过于亲昵，应当保持一定的距离。同时，也不要跟相识的异性长时间地待在一起，或是过多地和对方讲心里话，过多地了解对方的详情。关于舞姿，要端庄、大方，整体应始终保持平、正、直、稳，保持好重心，身体不要摇晃。跳舞的时候，应当面带微笑，说话要和气，声音要清细，不能旁若无人地谈笑，这样有失礼仪。

○ 离开舞会的礼仪

参加舞会时是允许中途退场的，但这并不意味着可以随意离场。如果刚刚跳了一首曲子就匆匆离去，这样会给人一种敷衍应付之感。如果打算提早离开，不要在众人面前言明自己要走之意，这容易破坏他人的兴致，也让主人难以控制舞会的氛围，你只要悄悄地和主人打一声招呼就好了。

离开之际，如果有其他男士要送你回家，而你又是和另一位同伴一起来的，这时一定不要丢下同伴不管。如果没有同伴同行，而你不太愿意对方送你回家，可以委婉地回绝，或者干脆说已经和别人约好同回，避免让对方难堪。

02
参加沙龙时要注意的礼仪
——

法国人非常关注哲学、文学、艺术、政治等问题，喜欢聚集在某些私人的客厅里，进行探讨。这种形式后来传到了其他地方，相沿成习，人们将这种主要在室内进行的专门的社会性聚会称为沙龙。

新时代的女性，比以往更在意外在形象与内在成长，经常会参加一些沙龙，既能丰富自身，又能结交志同道合的朋友。尽管沙龙形式自然、内容灵活，大家可以更自由地沟通交流，但还是需要彼此遵守一定的礼仪规范，这样才能够保

女人优雅一生的社交礼仪课

持融洽的氛围和人际关系。

○ 恪守约定

参加沙龙一定要遵守时间，准时赴约，不能无故迟到或爽约。否则的话，不仅浪费他人的时间，而且失敬于人。毕竟，现代社会生活节奏很快，时间对每个人来说都是奢侈品。如果临时有事难以准时到场，或是不能如约前往，应当提前告知组织者，并表达歉意。若是迟到了，也别忘记向众人表达歉意。

○ 体谅主人

在参加沙龙活动时，要设身处地地多替主人着想，尽可能地援之以手。抵达沙龙会场，不要忘记问候主人；沙龙举办期间，可以询问主人"我能做点什么"；沙龙结束后，向主人道别后再告辞。如果对沙龙过程中的某些事宜不太满意，也要保持克制，不要说难听的话，更不要指责或非议主人。在主人家参加沙龙时，不要吸烟、吐痰、乱扔物品，或是擅自闯入非活动区域，乱动主人的东西，这样是非常不礼貌的。

○ 诚恳交流

参加沙龙时，不能孤高自傲，不与任何人交谈，以凸显与众不同。同时，也不要只和熟人攀谈，奉行"排他主义"，沙龙是扩大交际圈、结识新朋友的机会，过于封闭会让人觉得难以相处，对自我的成长也无益。要多与人诚恳交流，真实地发表自己的见解和主张，虚心地向他人学习和请教，不要唯我独尊、争强好胜。

○ 分清主辅

参加交际型沙龙，主要目的是接触更多的人，拓展某一专业的思路，有利于自身的成长和职业发展。如果参加的是休闲型沙龙，如家庭音乐会、俱乐部聚会等，不用过于正式和刻板，可以换上与具体环境相适应的衣装，真实地投入此时此地的角色中。休闲型沙龙，是以休闲为主，以交际为辅，要分清主辅，时刻积极去交际，就本末倒置了，也会败坏其他人的兴致、令人侧目。

03
观看演出时，切忌制造干扰
——

无论是出于对演出人员的尊重，还是出于自身修养，在观看各类演出和比赛时，都需要遵守相关的礼仪和规则。否则，不仅会影响其他观众，还可能会导致演出或比赛受到干扰。

○ 着装适宜

观看室内演出，一定要注意着装，毕竟是公共场合，要力求端庄、大方、整洁。切忌因为天气炎热，穿过于暴露的衣服或拖鞋入内，这样有失文明和敬意。如果是观看交响乐、芭蕾舞等高雅艺术，着装要更注意一些，最好身着正装，以示对艺术家的尊重。

○ 礼貌入场

观看演出时，要把入场券收好，切勿丢失。按照规定不准转让给他人的，一定不要转让。个人观看演出，要遵守一人一票的规定，无论前往任何场所观看演出，都要凭票入内。

通常，应当提前15分钟进场，对号入座。如果迟到，应当就近入座，或在外厅等候，待幕间休息时再入场。倘若入座时干扰了他人，应当表达歉意。观看演出时不要戴帽子，以免挡住后面观众的视线。

○ 文明观演

观看演出时要保持安静，切忌大声说话或窃窃私语，不能随意走动。手机要调至静音或关闭状态，不将零食、饮料、塑料袋等带入剧场，塑料袋发出的声响会影响其他观众的观演。

观看过程中，要有礼貌地适时鼓掌，以表示对表演者的尊敬和谢意。无论演出如何，都不应当表现得无动于衷。鼓掌不能随意进行，要把握好时机，如演员首次出台亮相时，乐队指挥进场时，一首曲子演奏完毕时，一个高难度动作完成时，应当给予掌声。切忌在一个乐章尚未结束时贸然鼓掌，这会影响演出，大煞风景。

为了保证演出的顺利进行，保护演员和大多数观众的利益，在演出期间未经许可，不得私自录音、录像、拍照和使用闪光灯。这种做法不仅失礼，也会影响表演者和自身的观看体验，美好的瞬间需要用心去感受。

○ 有序退场

观看演出时，通常不应中途退场，如的确要上洗手间，也应在幕间离场，或在表演告一段落时悄然快速地进行，避免影响他人。待演出全部结束后，要起立鼓掌，待演员退场后或大幕关闭时再按顺序退场。千万不要为了避开退场高峰，在演出结束前几分钟就离场，这是非常不礼貌的行为，会显得很没有教养。

女人优雅一生的社交礼仪课

04
别在酒店里对他人颐指气使

无论是工作出差，还是休闲娱乐，都少不了住酒店这一环节。别小看这件事，它直接体现着一个人的素质与修养。作为女性，我们很有必要了解一些住酒店的基本礼仪，力求让自己成为举止有度、行为文明的旅居者。

○ 前台登记

进入酒店大厅后，要先到前台登记。如果你携带了大量的行李，门童会帮你搬运，要礼貌地感谢对方，然后再登记入住。通常来说，靠近走廊的房间相对安全，因为过往的人较多。

○ 行有所止

大厅和走廊是酒店生活中的主要公共场合，一定要注意自身的形象，不能表现得像在自己家一样，甚至穿着睡衣和浴袍转来转去，有失大雅。同时，也不要大声地讲话和吵闹，打电话要在房间内进行，一来避免泄露隐私，二来避免影响他人。

○ 客房礼仪

居住在酒店期间，会有保洁人员帮忙打扫卫生，但不能因为有人代劳就不注意保持卫生，随意乱扔物品，这是对他人的不尊重，也是没有素质的表现。如果你要连续居住几天，可以告知保洁人员，床单和牙刷不必每天更换。在房间用餐完毕后，将垃圾收拾好，放置在客房外的过道上，以方便保洁人员收拾。

○ 态度谦和

入住酒店即为客人，但不能因此对服务人员颐指气使，认为自己花了钱就有了随意使唤他人的权力。享受服务是客人的权利，但不是轻视他人的资本，在任何时候、任何地方，尊重他人就是尊重自己。

○ 离店礼仪

离店之时，切忌带走酒店的毛巾、吹风机或其他物品，酒店对物品的管理是很严格的，这样的行为可能会让你陷入尴尬和纠纷。若真想要一些纪念品，不妨到酒店的商店看看。要是不小心弄坏了酒店的物品，不要隐瞒或抵赖，要勇于承担责任。

女人优雅一生的社交礼仪课

05

做一个有素质的文明游客

——

游览大好河山，领略人文美景，是人生中的一大乐事。然而，玩赏不能只顾着自己尽兴，还应当注意文明礼仪，做一个有素质的游客。

○ 爱护景点

山川名胜是不可再生的自然资源，历史古迹是宝贵的文化遗产，都是需要我们用心珍惜和爱护的。所以，在游览大好山河和人文古迹的时候，一定不要涂写刻画，或随意触摸珍贵的文物展品。走在山林中，要避免使用烟火，也不要随意吐痰、乱扔垃圾。不要污染景点内的水资源，尽量保护水域的环境卫生。

○ 谦让有礼

参观游览时，要有序排队，切忌拥挤和加塞；在等待窗口服务时，要注意在横线后止步，不要直接站在正在被服务的人背后，这意味着对他人隐私的侵犯。当同一景点或参观处人较多时，难免会发生擦碰现象，一旦触碰了他人，要及时说对不起；要是他人不小心碰触了自己，也要予以宽容和谅解，不必咄咄逼人。

○ 拍照礼仪

很多人都喜欢在景点拍照留念，如果忽略了其中的礼仪，也会引发不悦。当自己拍照时，发现有人走近而妨碍镜头时，应当礼貌地与人打招呼，或等人过去后再拍，切忌大声叫嚷和斥责。当自己要穿过他人拍照的地点时，应当先示意或等别人拍完后再通过。如果自己和他人都想在同一处拍照，不要争抢，有序进行，且拍照时不要占用太长时间。

○ 言语斯文

公共场合禁止大声喧哗，这一点我们都知道。所以，在观光游览时，切忌大声嚷嚷、嬉笑打闹，或是稍有不悦就大发雷霆，这样会影响和妨碍他人游览、休憩。

○ 行有所止

游山玩水是一种休闲娱乐，穿着可以随意一些，但不要赤裸身体，有碍观瞻。情侣结伴游玩时，不要在大庭广众之下有过分亲昵的举动，这是有失礼节的。所到之处要入乡随俗，尊重当地的风俗习惯和规矩，不要触犯禁忌，以免引发麻烦。

○ 特别注意

在参观寺庙这类特殊景点时，女性要注意自身的穿着与举止，尽量得体、整洁、朴素地进入其中，不得穿短裙或无

女人优雅一生的社交礼仪课

衣袖的衣服；要遵守寺院规矩，言行有礼。

当寺内举行宗教仪式时，不可高声喧哗，不要随便进入僧人寮房。为了保持道场的清静，切忌把荤腥烟酒等带入寺院。要爱护寺院内的物品，不损坏、不浪费。

06
走进图书馆，保持雅和敬

———

图书馆是人类智慧的宝库，也是学习知识、获取信息的场所。每一个走进图书馆的人，都应当遵守馆内的规章制度。有修养的女性，从踏进图书馆大门的那一刻起，就会以"雅敬"二字要求自己。所谓"雅"，指自我举止要文雅；所谓"敬"，指对人恭敬礼让。

下面有一些图书馆礼仪小贴士，希望大家牢记于心：

轻：进入图书馆，走路要轻，入座、起座要轻，翻看书籍要轻。

静：在图书馆里阅读和学习，要保持安静，说话轻声细语，不能大声喧哗或频繁地制造噪音。手机和电子产品要调成静音状态，不在馆内接打电话，或做与读书、学习无关的事情。如遇熟人，以点头或微笑的方式打招呼为宜；如需与友人交换意见，应简明快捷、附耳低语，较长时间的讨论应到室外进行。

洁：图书馆是公共场所，要注意自己的仪表仪礼，不能披衣散扣、穿拖鞋入馆。要保持双手的干净，没有油腻污渍，避免把书籍弄脏。爱护馆内卫生，不要乱扔纸屑，不在馆内吃东西；爱护书刊资料，不要乱涂乱画、撕页等。

雅：进入图书馆，举止要文雅，言行失当会遭到他人的轻视和侧目。

敬：入馆要自觉排队，借还图书时要双手递给工作人员，使用"您好""请""谢谢"等礼貌用语。在阅览室里，不为他人占座位，欲坐他人旁边的空位时，应有礼貌地询问旁边是否有人。借阅图书时，如与他人看中同一本书，不要抢夺，可向工作人员询问是否有复本。倘若没有，应当互相辞让，急需者先借，并在工作人员那边做预定注销。

读书是为了增长知识、净化心灵，提高自身的素养，成为知书达理的人。所以，无论是在图书馆里阅读，还是借出图书私下阅读，都应当保持"学者"的风度。

女人优雅一生的社交礼仪课